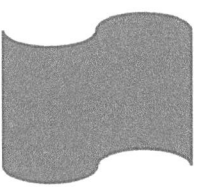

Memórias de Um Sádico

Romance

Memórias de Um Sádico

Abdenal Carvalho

SUMÁRIO

Prologo 9

Capítulo 1: O Começo de Tudo 11

Capítulo 2 – Dominados Pelo Prazer 39

Capítulo 3: Comendo As Primas 65

Capítulo 4: A Decepção 89

Capítulo 5: A Irmã de Um Amigo 93

Capítulo 6: Perdendo Meu Cabaço 105

Final: Livre da Escuridão 119

Prologo

A enfermeira ousadamente abre a cortina que encobre a vidraça transparente do quarto, deixando transparecer a claridade feita pelos raios do sorridente sol daquela manhã de verão, forçando o enfermo a acordar antes do horário que habitualmente costumava despertar. Isso o constrangia imensamente e acendia sua ira contra aquela que foi contratada para cuidar de seus últimos dias de vida.

Marcos era um importante escritor com uma inteligência incomparável para a literatura, sua impressionante capacidade de criar histórias num breve espaço de tempo lhe rendeu vários prêmios, bem como um expansivo reconhecimento no mundo literário. Seus leitores eram encontrados por todo o mundo e todas as suas obras eram um grande sucesso de vendas.

Porém, devido certa tendência à luxúria exagerada acabou contraindo uma grave doença que pôs fim a todos os seus possíveis sonhos a longo prazo. Em estado terminal, vivendo os últimos dias de sua curtíssima existência escreve num laptop suas memórias. Aquela obra póstuma seria a revelação de seu lado mais vergonhoso e sombrio que poucos conheciam.

— Zenaide, será possível que nem no meu leito de morte posso repousar em paz? Por Deus, pare de me atormentar nessa droga de lugar!

— Queira me desculpar, Seu Marcos, só estou cumprindo as ordens do médico, ele determinou que o senhor acordasse cedo para tomar as medicações receitadas

— Médico infeliz... A essas horas deve de estar lá na cama com a puta de sua mulher, enquanto você me inferniza a paciência!

— Por favor, homem, pare de ficar falando bobagens, nem conhece a esposa do coitado e já a chama de puta? Eu, hem?

— Tá, prepara logo esse maldito coquetel para que eu possa tomar e voltar ao meu sossego, tenho que continuar a escrever meu livro

— Já ouvi falar no seu trabalho, falam por aí que são bons de lê. Poderia me presentear com um para eu começar a ser uma de suas leitoras

— Possuo milhões de leitores espalhados mundo à fora, não preciso presentear uma enfermeira mequetrefe para tê-la como leitora de meus livros. Se quer conhecer minhas histórias passe numa livraria e compre um deles pra você!

— Misericórdia, quanta amargura! Aproveite para admirar esse dia tão lindo e maravilhoso, seu chato!

— Diz isso porque não é você quem está à beira da morte, não tenho nenhuma razão pra ficar de bom humor nem admirando droga alguma! Agora faça-me um favor, caia fora daqui enquanto estou lhe reconhecendo. Xô, fora!

Capítulo 1: O Começo de Tudo

Nossa humilde morada, no Estado do Maranhão, se localizava a pelo menos um quilômetro do centro da cidade e bem às margens de uma importante rodovia, onde o tráfego era feito por todo tipo de veículos, na grande maioria de grande porte, como aquelas imensas carretas que faziam um tremendo barulho ao passar a qualquer hora do dia ou da noite.

Meu pai era do tipo reservado, fechado a diálogos e dava pouca atenção a família. Aliás, nem família nós éramos, pois os pais não se comunicavam com seus filhos, e estes, muito menos com eles.

A casa onde nasci foi construída sobre um pequeno monte, para ter acesso era preciso escalar uma certa altura feita de pedras e cascalhos. As paredes eram feitas de barro, o teto coberto por um tipo comum de telhas que logo criou uma cor esverdeada por cima e preta por debaixo, o piso era de cimento cru. Bebíamos água tirada de um velho poço escavado no quintal e guardada num pote de barro que mamãe possuía na ampla cozinha, vazia de bons móveis e cheia de burundangas.

O buraco de onde bebíamos era antigo, possuía uns seis metros de fundura e vivia o tempo todo de boca aberta na direção do céu, cheinho de baratas e sapinhos que a natureza jogava lá dentro, mas papai dizia que aquilo era bom porque eles comiam os outros insetos mais nocivos.

Meu nome é Marcos, o caçula dos quatro filhos. Sempre fui o mais peralta de todas as outras crianças da casa, vivia fazendo traquinagens e infernizava meus irmãos mais velhos. O terreno era bem extenso, um enorme sítio com diversas arvores frutíferas, lá tínhamos fartura de frutas. Muitas mangas, bananas, goiabas, melancias, canas de açúcar, melões e um número imenso de mamoeiros todos bem carregados.

Nunca compramos nada na feira do bairro, a não ser carne no açougue de Seu Eloy, onde meu pai encomendava um porco inteiro para alimentar a mulher e os quatros filhos. Como não possuíamos energia elétrica, porque o velho era do tipo antigo e gostava de acender lamparinas ao invés de lâmpadas, apesar da cidade inteira já viver na modernidade, também não tínhamos em casa nada que funcionasse à base de eletricidade.

Dessa maneira o jeito era fazer carne de sol e pendurar numa corda para não estragar, minha coroa cozia aquela carne escura durante o mês inteiro misturada com feijão da colônia e óleo extraído das vargens do babaçu. Roupas novas não possuíamos, cada um dos moleques tinha uma calça comprida, uma camisa de mangas longas e um sapato de couro para usar somente nos finais de ano, quando éramos levados para assistir à missa na catedral. Depois era tudo lavado e recolhido, ficava pendurado num cabide durante doze meses, quando novamente se repetia o passeio. Nos outros meses usávamos umas bermudas velhas feitas de qualquer tecido, costuradas a mão pela nossa mãe

Aos finais de semanas eu e meu irmão mais velho nos juntávamos com outros moleques e íamos subir nas altas arvores existentes às margens de um riacho que existia por detrás do cabaré das putas, localizado do outro lado da rodovia. Dali podíamos ver as vagabundas tomando banho, totalmente peladas, fazendo sexo com os machos que visitavam diariamente o puteiro.

Certa vez Jairzinho, um moleque viciado em se masturbar olhando a safadeza das raparigas, enfraqueceu no exato momento em que atingiu o gozo e despencou do galho da mangueira direto no centro do riacho, delatando a todos nós para os putos que praticavam suas orgias naquelas águas.

Os caras, juntamente com as vadias, atiraram pedras nas arvores e nos expulsaram dali com várias ameaças. Jairzinho foi quem mais se deu mal, pois apanhou feio e passou dias sumido, aparecendo somente semanas mais tarde todo roxo de porradas. A diversão da rapaziada chegou ao fim, não pudemos mais ir ver o rabo daquelas gostosas no igarapé por culpa daquele infeliz.

A rapaziada ficou tiririca com ele, mas não deram uma sova nele devido o péssimo estado em que se encontrava o maldito dedo duro, que por não aguentar o orgasmo durante a punheta despencou dentro do riacho. Naquela época não existiam o que há nos dias atuais, a tecnologia era coisa dos países mais desenvolvidos e nem sonhávamos que algum dia viéssemos a evoluir tanto.

Hoje a gurizada não precisa mais se arriscar na mata nem roubar revistas dos adultos para ver cenas de sexo, basta fazer uso do celular para acessar sites de vídeos pornôs e assistir de camarote vários tipos de sacanagens. Tão pouco aquele velho hábito de ficar se masturbando é necessário porque as meninas, quando começam a namorar, liberam geral.

E a garotada passa o sal nelas, de graça, sem ter que assumir qualquer compromisso. No meu tempo de menino, caso engravidássemos uma garota, os pais vinham logo em cima da gente e nos obrigavam a casar com a descabaçada, assumir o prejuízo feito na filha. E se não tivéssemos como sustenta-la éramos obrigados a dar nosso jeito, ir pro roçado, pegar no pesado, penar no cabo da inchada.

Aqueles que se rebarbavam e resistissem cumprir com suas responsabilidades levavam chumbo grosso nos couros e desciam para descansar a sete palmos, mas hoje, as leis modernas até incentivam a prática sexual entre adolescentes, obrigando pai e mãe a sustentar os netos, proibindo seus filhos irresponsáveis de trabalhar.

Assim ficou muito fácil ir pra cama com a mulherada, os desocupados dos adolescentes trepam à vontade sem sequer se preocupar em usar uma camisinha para evitar a gravidez, pois sabem que seus pais serão forçados a assumir seus atos insanos. Depois as autoridades ficam fazendo campanhas na mídia em favor das crianças abandonadas, querendo defender seus direitos à saúde, educação, a ter um lar...Se o próprio governo e essa sociedade que se diz moderna, opta por uma liberdade exagerada aos menores.

Quando minha irmã mais adulta deu pro namorado e meu pai descobriu obrigou os dois pilantras a se casarem esfregando uma espingarda nas suas testas, pois na minha casa a parada era assim, comeu casou. Se bem que anos depois ela voltou de cara quebrada, levou uma surra do marido por ter colocado um enorme galho na cabeça do babaca. É aquela velha história, quem nasce com a tendência a comer estrume jamais se alimentará de boa ração.

Desde o momento em que ela decidiu trepar com o namorado sem antes assumir com ele um compromisso sério, era porque não passava de uma vadia. Jamais iria se contentar apenas com um mesmo homem na cama. Uma moça de caráter só abre as pernas pro macho depois de ser levada ao altar ou num cartório. Claro que as mentes dementes dessa geração perdida jamais irão concordar com essa realidade, mas é a mais pura verdade. Nada fácil demais tem valor e a mulher moderna ficou pior que farinha de feira, todos metem a mão. Quando criança tudo foi mais difícil para mim, sempre fui o moleque travesso e extremamente tarado, mas para satisfazer a tara tinha que ralar bastante.

As coisas só davam certo mesmo porque eu tinha certa influência sobre as meninas com quem minha irmã mais nova costumava fazer amizades e levá-las para brincar de casinha nos finais de semana e eu descia o prego nas coitadas, alegando que aquilo fazia parte da brincadeira, pois eu era o marido e elas as esposas.

Salomé era a maior de todas e filha de Dona Nazaré, a madame do cabaré que ficava do outro lado da estrada de asfalto. De costume deixava ela com Raimunda, minha mana, para evitar dela ver a sacanagem que rolava por lá. E quem se dava bem nessa história éramos nós, eu e meu irmão José, que arregaçávamos a moleca na vara.

Como ainda não tinha chegado à adolescência gravidez não aconteceria, então a gente aproveitava a vontade. A safadinha viciou e só queria brincar se fosse de marido e mulher, minha irmã fazia a cobertura enquanto a gente trepava pelo chão, nos fundos de casa. Além de tarada ela e Sônia, a outra devassa que José pegava, tinham um corpinho de levantar qualquer defunto.

Um traseiro carnudo e bem arrebitado, só de olhar ficava excitado. Vi a primeira vagina aberta aos nove anos de idade, foi Salomé que me deixou ver de perto semanas antes de aceitar que eu enfiasse meu pintinho cabeçudo nela. Depois do que presenciei não conseguia esquecer e vivia o tempo inteiro de prego duro, mas não penetrava de verdade no buraquinho imensamente apertado, só esfregava o pau nele. Um dia minha mana mais velha percebeu minha excitação e me deu uns tapas.

Acontece que desde menino fui bem-dotado, minha ferramenta de trabalho sempre foi comprida, volumosa e veiúda. Certa ocasião tomava banho pelado ao ar livre, pois não possuíamos banheiro interno, e Maria viu meu pirulito duro. Ela era a mais velha de todos nós, com dezoito anos já transava com o namorado escondido. Curioso em demasia eu a tudo observava e quase nada passava despercebido.

Vi ela subindo e descendo na vara do meu cunhado, mas como aquilo não era da minha conta achei melhor me calar e não entregar a pilantra a meu coroa. Depravada como ninguém ela viu minha lagarta e parece ter desejado, afinal, naquela idade já possuía uns doze centímetros e bem grossa. Numa noite em que nos encontrávamos sozinhos em casa, quando nossos pais e os outros irmãos foram assistir uma novena na residência de um vizinho me chamou para deitar com ela na cama.

Eu nunca fui do tipo besta nem palerma, compreendi logo o que minha irmã queria, pois um casal só faz duas coisas na cama: Dormir ou trepar. Se for para conversar ficam na sala ou em qualquer outro local. A imoral estava usando apenas um vestidinho curto, suas coxas grossas, os seios pontudos e a bunda carnuda mexiam comigo sempre que eu a via desfilando na minha frente.

Bem, se já sentia tesão por ela ficar deitado ao lado dela no escuro seria perigoso demais, porque fogo perto de palha seca incendeia. Não deu outra. Segundos depois de me deitar a seu lado ela começou a passar a mão em mim, descendo até onde meu prego gigante já se encontrava afiado e pronto para ser enfiado no primeiro buraco que aparecesse à sua frente. Ao pegar nele e apertar o coitado com força eu enlouqueci e já queria ir pros finalmente, mas ela mais experiente falou para ter calma.

Mandou tirar a bermuda, me posicionou na lateral da cama e agarrando meu pirulito duro com uma das mãos o engoliu. Pela primeira vez aquilo me acontecia e me deixou doido, adorei o calor da boca dela, sugando meu pau com aquela uma fúria descomunal. A pilantra parecia já ter feito aquilo diversas vezes e pelo jeito gostava muito de chupar. Eu podia sentir a chapeleta da pomba varando sua goela que de tão grande ia até lá fundo, aquela garganta parecia não ter fim e desejei que meu membro fosse maior para empurrar até bater no seu estômago.

Depois ela ficou pelada e comigo ainda deitado subiu no meu rosto e colocou a buceta carnuda e bem raspadinha em cima da minha boca, mandando que primeiramente lambesse seu grelo pontudo, depois engolir, mamar nele, e fiz tudo direitinho como ela havia mandado. Nunca antes havia experimentado o sabor de uma vagina, usando a boca, mas naquela noite pude descobrir que não há nada mais gostoso.

De testa aprendi a gostar de sexo oral, chupar e ser chupado nas preliminares, antes da foda propriamente dita. É bom demais! Tanto porque nos deixa mais excitado e pronto para uma boa penetração, como pelo fato de criar um clima delicioso entre a fêmea e o macho.

Depois daquela experiência e após alcançar minha adolescência não aceitei mais ir pra cama com uma mulher sem antes não rolar esse tipo de preparo. Não suporto parceiras frescas que deitam na cama, abrem as penas para serem penetradas e pronto, acham que já cumpriram seu papel. Essa é a principal razão da maioria dos homens casados irem à procura de prazer na rua, pois suas esposas se negam a dar o que lhes satisfaz, o que realmente lhes completa.

Logo após me fazer chupar aquele bocetão de beiços carnudos e de pinguelo crescido, ficou de quatro. Ordenou que eu abrisse sua bunda e caísse de boca nos seus dois buracos. Eu lambi e outra vez chupei seu grelo, mas ela me brigou. Disse que naquela posição eu devia lamber chupar seu cuzinho. De início fiquei meio receoso, sem agir, então a safada resolveu me ensinar como fazer. Me colocou na posição em que ela antes estava e passou a lamber meu rabo e depois deu umas chupadas que me arrepiou até o último fio de cabelo na cabeça.

Confesso que não podia imaginar que sentir uma língua quente no miolo da bunda me deixaria naquele estado, pois quanto mais ela lambia e chupava mais meu cassete endurecia e latejava. Então a maninha voltou a ficar de quatro e ordenou que eu fizesse o mesmo no rabo dela, então obedeci. Quanto mais eu lambia e chupava a rodela dela a vagabunda gemia e rebolava.

Ela pegou uma das minhas mãos e colocou na boceta para que eu a massageasse e completasse seu prazer, afim de alcançar um gozo mais intenso. Fiz como solicitava e a vaca enlouqueceu. A tara dela foi tanta depois disso que me empurrou na cama e assentou-se sobre minha vara duríssima, fazendo com que ela fosse engolida inteira pelo buraco guloso existente entre suas pernas. Nossa, que bocetão mais profundo e quente! Parecia que ia cozinhar meu sexo dentro dela.

Durante o restante da minha confusa existência nunca mais encontrei um buraquinho onde enfiar meu mastro que fosse parecido ao dela. Dizem que é um enorme pecado foder parentes, principalmente irmãs por ser do mesmo sangue, mas quero aqui dizer que não há nada mais gostoso. Ela gozou e parecia ter derramado sobre mim uma enorme quantidade de gala, pois fiquei todo melado, apesar de ter conhecido mulheres que dizem ser um erro afirmar que elas ejaculam como nós, homens.! Bem, só sei que depois daquela foda entre irmãos nós viciamos e voltamos a repetir o ato por várias outras vezes.

Aconteceu na cama, na rede, no chão e dentro da água do riacho onde íamos tomar banho. Só paramos quando finalmente ela decidiu se casar com o bobalhão que se dizia apaixonado. Tempos depois de Maria ter se casado peguei meu irmão comendo minha irmã mais nova. Eles, como eu e Maria, andavam trepando e me dei bem ao descobrir, pois para me calar ela decidiu foder comigo também.

Resumindo, trepei com as duas. Acontece que Raimunda possuía algo de diferente. O grelo dela era enorme e, quando a gente transava, o diabo crescia igual a ao membro de um macho. Nós éramos jovens demais para compreender essas coisas, não entendíamos o porquê daquilo. Somente mais tarde, quando amadurecemos, viemos compreender que ela era hermafrodita.

A maluca nasceu com os dois sexos e passou a gostar tanto de rola quanto de bocetas. Vivia cercada de homens e mulheres, trepava com ambos e cresceu o bigode, coisa de assombração. Por outro lado, Maria chifrou o marido e virou uma das piores putas da nossa cidade. Meu irmão José se meteu com uns caras errados e passou a fazer tudo o que não prestava, até dá o cu ele fez. Eu, por minha vez, me tornei um moleque viciado em todas as formas de sexo, mas somente com mulheres.

19

Bom, pelo menos por um certo tempo. O descontrole foi tão grande que passei a foder tudo o que pintasse na minha frente. Peguei mulheres, animais — comi jumentas, porcas e matei uma ovelha que criávamos em casa depois de dias enfiando minha estaca no rabo dela — e para completar ainda me matava batendo punheta porque o tesão era demais.

Com a origem e as más influências que tive no meu lar por parte dos próprios familiares que me ensinaram a prática das piores imoralidades, não poderia ser diferente. Talvez não exista outra família imoral igual a minha, onde as irmãs e irmãos façam sexo entre si. Mas comigo foi assim, comecei da pior forma possível. Com a mente dominada pela imoralidade não queria saber de mais nada, o papo com os amigos era sobre sexo ou não me interessava, esse lance de futebol nunca valorizei, nem consigo entender como esses caras ficam horas a ver um bando de machos correndo atrás de uma bola. Que coisa mais sem graça.

Um fogo descontrolado ardia no meu membro e não havia um só minuto que não estivesse louco pra enfiá-lo num buraco. Aos quinze anos e com um cacete medindo dezessete centímetros, devido bater muita punheta, me tornei insaciável. Existia uma velha de sessenta anos que morava próximo de nossa casa e era muito assanhada, certo dia ela olhou pelo cercado e me viu enquanto mijava no pé da laranjeira e botou o olho no meu cacete gigante.

Desde então ela vivia mexendo comigo e pedia minha mãe para me deixar ir capinar seu terreno. Viúva e sem filhos ela me pagava para limpar sua propriedade, fazer faxina no barraco e numa ocasião me ofereceu almoço, comilão como sempre fui não recusei. Após encher a pança me mandou deitar um pouco na sua cama e fechou todo o lugar.

De imediato desconfiei da atitude dela e me perguntei se de fato aquela velhota estava pensando em trepar comigo. Não me enganei. Ela nem disfarçou e veio logo baixando minha calça, mexeu no meu pau que deu um tremendo pulo de dentro da cueca e foi abocanhado pela sua boca gulosa.

A filha de uma puta era tarada por natureza, sua goela era profunda e meu cacete foi engolido até os ovos. Mas eu não fiquei parado, parei de fingir estar cochilando, levantei e joguei a velha na cama com toda força. Me escanchei por cima da cara dela e enfiei o pau na boca da velhota, inclinando o corpo um pouco mais para cima da cabeça, apoiando-me na parede. Com o pau enfiado na garganta da sacana eu passei a foder bem forte.

Fazia como se estivesse penetrando numa boceta. Socava para dentro e para fora, pra cima e para baixo, e ela só revirava os olhos esbugalhado. Depois da foda, confessou nunca ter sido fodida daquele jeito, que jamais imaginou ainda ter algo a aprender na vida sobre sexo, principalmente através de um moleque de quinze anos. Depois disso ainda arregacei os buracos murchos da velhota por várias vezes.

Salomé, a pequena que costumava brincar de casinha comigo, quando éramos criança, cresceu e se transformou numa mulher linda e encantadora. Estava noiva de um otário, quando nos reencontramos. Naquela ocasião a sacana confessou que adoraria trepar comigo. Não poderia dar mole e perder a chance de arregaçar a primeira boceta que conheci na vida, certo? Topei de cara a proposta e arrastei ela pro igarapé, lá onde costumava ver as putas do cabaré levando pau no rabo. Fomos pra lá no final da tarde de uma sexta-feira, quando a escuridão da noite se aproximava.

Ela tirou toda a roupa e ficou completamente pelada, fiquei louco ao ver aquele corpo bem desenhado, com curvas de tirar o fôlego. Diante duma bunda carnuda e uma racha enorme dividindo as duas nádegas não foi possível me controlar e pulei pra cima. Ela se jogou na areia, pensou que eu iria fazer como os outros caras, mas para sua surpresa eu primeiramente abrir sua brecha e passei a lamber seus dois buraquinhos.

Ela, toda arrepiada deu uns gemidos e arrebitou mais ainda os quadris. Rebolava e respirava profundamente, enquanto eu chupava seu buraquinho apertado. Depois deitei ela na areia e posicionei sua cabeça na parte mais alta do lugar, para evitar um engasgo. Enfiei a cabeça da pica na boca da safada e ela passou a chupar.

Depois fui empurrando lentamente goela a baixo. Percebi que ela não tinha experiência com aquele tipo de foda porque ficou entalada, então fui mais paciente, empurrava e puxava bem devagar. Ela não reclamou e demonstrou interesse em continuar, estava curiosa, queria aprender. Em poucos minutos a vara já se encontrava toda enfiada na garganta da vagabunda e passei a socar para dentro e para fora. A puta safada sentiu prazer na goela e mandou que eu fodesse mais forte, mais rápido, e atendi seu pedido.

Em seguida trocamos de posição e foi ela quem sentou em cima da minha boca com aquela xana enorme, carnuda e beiçuda. Enquanto ela rebolava eu permanecia agarrado no grelo dela, chupando forte e sem querer largar. A loucura subiu do rabo para a cabeça daquela mulher que gemia se desmanchando de prazer. Logo ela desceu da posição em que se encontrava e enfiou meu pau veiúdo no seu buraco, primeiro na frente e depois atrás.

Mamãe, alheia aos filhos safados que tinha, pois nos comportávamos iguais a anjos na sua presença, me apresentou para a negra como sendo um rapaz estudioso e prestativo, mal sabia a praga que eu era.

Raimunda, minha irmã de dois sexos, também se engraçou dela e foi logo tornando-se sua melhor amiga. José e eu passamos a disputar o menor espaço que pudéssemos ter com a pretinha rabuda, fazíamos de tudo para estar por perto, afim de ter uma chance de furar aqueles buraquinhos virgens.

Dona Bebe, a mãe de Tereza, era uma coroa de uns trinta e cinco anos ou menos, e ficou afim de trepar com meu irmão, que não perdeu tempo e passou a socar no traseiro dela sempre que tinha chance. Eu, por minha vez apelei para o uso de uma velha estratégia que quase nunca falha na hora de conquistar o coração das mulheres, a paixão. Fingi está louco de amor pela negra bunduda, encarava e fitava nela meu olhar de homem apaixonado.

Escrevia poemas e dava para ela, algumas vezes até li umas poesias em voz alta, declarando-lhe meu falso encanto. Ela fingia ser tímida, pedia para eu parar, sorria, ficava toda sem jeito. Estava no papo. O maior problema era mesmo competir com a droga da sapata que quase não dava trégua, minha irmã também cismou em foder o diabo da pretinha.

Eu ficava imaginando como seria aquela boceta, preta por fora e roxa por dentro? Ou seria vermelha? Nunca havia traçado uma mulher de pele escura, queria experimentar. Alguns colegas mais experientes diziam que elas possuíam um tal de bezerro na xoxota, um tesão diferente que apertava o pau na hora do gozo, queria provar isso, vê se de fato isso era verdade.

Tive de ser paciente, mas soube esperar. Uma noite, enquanto aconteciam as festas de São João e dançávamos a quadrilha, fomos escolhidos como o casal que geralmente se casam durante a brincadeira. Na ocasião, tínhamos de nos beijar depois do sim, diante do padre. Ela sorriu enquanto a galera gritava "beija, beija!" Estávamos parados de frente um pro outro, com os olhares fixos.

Então, resolvi ter ousadia e lhe apliquei um beijo na boca. Ela ainda quis recuar, mas a segurei firmemente e abocanhei sua língua, chupando-a com muita força. Enquanto as pessoas gritavam e alguns aplaudiam minha atitude ela parecia perder as forças e aos poucos foi se entregando sem resistência ou recusa. Eu mesmo fui quem decidi largar sua língua e cancelar o beijo., abrindo os olhos ela estava ainda como se nas nuvens, perdida naquela louca fantasia.

Voltamos para casa e ela não parava de me olhar, Raimunda soltava fumaça pelos ouvidos, parecendo uma locomotiva daquelas feitas a vapor, pois sabia que tinha perdido a parada pra mim. E perdeu mesmo. Naquela mesma noite consegui arrastar a negra para minha rede.

Depois que todos dormiram ela foi para ficar comigo. Nunca imaginei que a boceta de uma mulher da pele escura fosse tão apertada, dura de ser rasgada, quente e deliciosa. Fiz com aquela adolescente tudo o que quis fazer. Lambi, chupei, seus dois buraquinhos, lhe ensinei a engolir um cassete até o saco, enfiei minha espada até bater no cabo no seu cu e na boceta. Foi muito difícil e doloroso, tanto para ela como para mim, amanheci de cassete todo esfolado. Com Tereza foi possível realizar uma das minhas fantasias sexuais mais malucas. Pela primeira vez fiz uma mulher beber o leite de meu pau como se fosse uma criança se alimentando numa mamadeira.

Gozei na sua boca enquanto ela chupava a cabeça da pica, a negra fodona engoliu minha gala e disse que achou uma delícia. Depois disso percebi que ela enlouqueceu de paixão por mim, passava o tempo inteiro na minha cola e queria trepar a todo momento. Quando nos encontrávamos a sós em casa ela me agarrava feito uma louca, caia de joelhos aos meus pés pedindo que eu colocasse o pau pra fora e ao fazer isso ela abocanhava o coitado com uma fúria terrível.

Aquilo me assustava, fiquei confuso, não entendia que diabos havia acontecido com aquela louca, visto que parecia descontrolada. Ela me disse que depois de ter bebido minha gala não conseguia parar de pensar em mim, até dormindo sonhava fodendo comigo, chupando e dando o cu, sentia meu cacete latejando dentro de seus buracos.

Quanto mais a gente transava, mais ela queria. Para que não engravidasse eu gozava na bunda ou ela bebia o leite do meu pau. Aqueles foram dias terríveis em que cheguei a ficar sem forças físicas por tanto ter que satisfazer sua tara descontrolada.

Não podia me negar a atender seus pedidos, pois ela me chantageava, ameaçava contar a meus pais que eu tinha tirado seu precioso cabacinho. A ameaça me deixava amedrontado, pois meu pai era um velho bravo e iria me quebrar na porrada se soubesse um troço daquele. A safada me pegou direitinho, e agora, o que eu poderia fazer para me livrar dela?

— Pai, o senhor já comeu alguma coisa hoje?

— Sim, tomei o café da manhã. Se é que essa gororoba que a infeliz dessa enfermeira que você contratou pra me envenenar pode ser chamado de alimento!

— Pare de reclamar, meu velho, ela só está tentando ser útil!

26

— Tá certo, fazer o quê?

— Pare de ser resmungão, até mais tarde

Esse é Joel, meu filho mais velho. Até parece estar de complô com aquela maldita para acabar de vez comigo, comer esse mingau dos infernos é pior que conviver com a certeza de que a morte vem na minha direção à galope.

Mas, vamos lá. Como dizia:

Fiquei pelo menos uns seis a oito meses na mão da negra pilantra, sendo pressionado a foder com ela na hora que quisesse e tive que me afastar das outras meninas, fui obrigado a permanecer colado na vagabunda como se fosse seu namorado e não reclamar de nada. Caramba, cheguei a pensar que de fato havia me ferrado de vez, mas graças a Deus ela cometeu um vacilo e eu pude me soltar de suas amarras, cair fora do seu laço.

A pretinha gostosa, mas louca, fez amizade com um carinha da escola e passou a foder com ele. Aos poucos foi se viciando naquilo e me deixando de lado, aí imprensei a safada na parede, fingindo ter ciúmes dei o ultimato: Ficava com o otário ou comigo! A descarada queria as duas picas, até propôs uma foda a três.

Aproveitei essa brecha e lhe acusei de traição, infidelidade, sacanagem e tudo o que me veio à cabeça. Ainda ameacei contar tudo para sua mãe, de como vivia fodendo com os moleques da escola. Foi a gota d'água para ela cair fora da minha vida. Ufa, dessa quase não consigo escapar. Mas agora tudo estava tranquilo, pois se outro enfiou o pau nos buracos dela ficaria complicado para provar ter sido eu o primeiro. Afinal, naquela época não existia todo o avanço na ciência e medicina que temos hoje. Foi minha grande sorte, pensar em ter de encarar o chicote de papai me dava nos nervos.

Passar por aquele aperto poderia ter servido para me fazer tomar jeito e colocar um cadeado na ponta da ferramenta, mas não aconteceu nada disso. Pelo contrário, mal fiquei livre do grude de Tereza e fui logo me metendo noutra encrenca das brabas.

Existiam duas irmãs, gêmeas, que moravam próximo da pracinha localizada por detrás do terminal rodoviário, de onde partiam os ônibus para outras cidades e Estados. Eram as Rosários, danadas como ninguém. O maior problema é que as duas ficaram afim de mim ao mesmo tempo, daí começaram a ir aos tapas por minha causa.

Certo dia, quando estávamos todos reunidos a conversar na pracinha uma delas resolveu me encostar na parede e exigir que eu escolhesse com quem gostaria de ficar, como se de fato eu tivesse interesse em alguma delas. Por não me decidi levei porrada das loucas publicamente, visto que as infelizes eram grandes, fortes e boas de briga. Perdi feio na disputa e passei a ser motivo de zombaria por parte dos colegas. Foi então que Vicente, um amigo, me deu a ideia brilhante:

— Meu irmão, porque que não aproveita que essas duas rabudas ficaram afim de ti e passa a pica nelas?

— Tá louco, cara, nem pensar em encarar essas malucas numa foda. Já olhou o tamanho delas? São enormes!

— Deixa de ser fresco, macho, com um pau desse tamanho tu vai gelar na hora de encarar um bocetão daqueles? Apanhou delas na porrada porque são enormes e foram as duas juntas de uma só vez, mas mostra que numa foda elas não vão se garantir contigo e tu ainda limpa tua honra

As palavras de Vicente me fizeram refletir e ver que ele tinha toda a razão, depois que a galera soubesse que eu tinha me vingado das grandonas com a pica esqueceriam as tapas que peguei delas e meu moral no bairro ficaria lá em cima. Mas, como chegar junto pra passar-lhes o cacete agora que estavam mordidas comigo? Era mês de julho e todos nós estávamos de férias na escola,

Seu Lady Lauro, um velho caminhoneiro e amigo de toda a vizinhança possuía uma grande propriedade localizada a uns dez quilômetros da cidade, onde havia muitos igarapés, frutas, animais silvestres e fomos convidados para passar duas semanas por lá. Nossos pais confiavam no coroa e permitia que fôssemos, um total de trinta jovens entre moças e rapazes.

Ninguém estava interessado somente em curtir a natureza do lugar, mas em trepar bastante pela mata e dentro dos riachos de água cristalina. Na madrugada de uma sexta-feira nos reunimos na pracinha, aguardando a chegada do velho caminhoneiro para nos levar ao tal lugar. Estávamos muito animados. A maioria dos casais presentes namoravam e os que não tinham pares estavam livres pra comer e ser comido por quem tivesse afim de encarar, e entre estes vadios estavam as Rosários e eu. A Scania chegou, uma carreta de carroceria longa e espaçosa. Subimos e tocamos rumo ao interior chamado Bacalhau. Tinha esse nome porque diziam que por lá se podia encontrar muitos peixes e isso alegrou a galera que pretendiam pescar, levando tarrafas e anzóis na viagem.

A divertida viagem, onde permanecemos levando tapas do vento enquanto o veloz carro cruzava as curvas da BR 316, durou umas duas horas e por fim chegamos ao nosso destino. Imaginem um lugar maravilho e indescritível. Um verdadeiro paraíso. Aquele oásis perdido no meio da mata parecia um sonho.

Eram brejos com suas águas cristalinas, escorrendo por todos os lados. Olhos d'águas, cacimbas e suas cachoeiras. Ali nos sentimos no céu. Seu Lady Lauro com sua esposa e filha nos acomodaram num casarão amplo, imensamente espaçoso. Ali moravam um casal que tomavam conta da propriedade e de alguns gados.

Tinha ao lado da casa um velho forno, onde a mulher fazia bolos de macaxeira ou fubá de milho. Ali comemos pela primeira vez o tal bolo seco, era um lance duro pra caramba, mas delicioso com café. Ao lado do casarão escorria um riacho de água tão gelada que doía nos ossos ao entrar nele, cheinho de piabas, sardinhas e cascudos.

Nas arvores altas que pareciam bater seus galhos nas nuvens e neles os pássaros faziam seus ninhos, lá pudemos conhecer o Urubu rei, que não tem a penugem preta e a sua cabeça é vermelha. Logo na primeira manhã após chegarmos ali, Seu Geraldo nos convidou para irmos pescar com ele e foi uma grande aventura. O experiente pescador lançava a tarrafa nas águas do igarapé e ao puxá-la vinham diversos tipos de peixes presos nela, de todos os tamanhos, cores e espécies.

O lugar era mesmo abençoado por Deus, a natureza dava de tudo. Diversos tipos de animais, frutos, passarinhos e as borboletas coloridas que enfeitavam o ambiente com suas cores variadas, sobrevoando as flores às margens dos brejos. O sol parecia ser mais forte ali do que noutros lugares. Era como se naquele paraíso a estrela de maior grandeza estivesse mais próximo da terra, então aproveitamos a oportunidade para mergulhar nas águas rasas do igarapé e matar o calor que ardia em nossos corpos.

Foi nessa hora que Gorete, a mais bonitinha das Rosários tirou a roupa, ficando só de biquíni, colocando de fora toda aquela bunda carnuda. A minúscula peça que usava entrava na lasca do seu traseiro e de vez em quando na racha da boceta que mesmo debaixo de um fio de pano parecia ser beiçuda e com um pinguelo bem pontudo.

Meu cacete empinou de imediato e não pude sair de dentro da água para não dar na pinta, pois aquilo com certeza não passaria despercebido da galera. Não fazia a menor ideia que aquela vagabunda pudesse trazer entre as pernas uma xoxota tão loucamente deliciosa.

Sua irmã, Rosa, não era nem um pouco diferente. E pudera, afinal, eram gêmeas. Me ferrei novamente, pois me encontrava entre duas bocetudas e aquele era meu ponto fraco, não conseguia resistir a uma gostosa. Mas, espere aí, elas não ficaram afim de mim e não descartei as coitadas? Porque diabos fiz aquilo, teria enlouquecido?

Nada disso, é que as meninas eram duas grandonas cafonas e se vestiam muito mal, pareciam duas velhas com aqueles vestidos feitos de ceda e seus enormes desenhos de flores vermelhas. Coitadas, eram filhas de uma costureira, pobres e sem um pai para sustenta-las. Agora que as duas boazudas tiraram a roupa revelaram o que de bom possuíam e eu não seria bobo para deixar escapar de minhas mãos.

Desde aquele instante passei a rodear as gêmeas, usando uma sunga bem apertada e deixando à mostra os bíceps avantajados, as pernas musculosas e a barriga de tanquinho. Assim como elas me despertaram desejos quase incontroláveis eu, igualmente, lhes deixei com o pinguelo tufado de tesão.

Por que da mesma maneira que nós homens nos excitamos ao ver um rabo gostoso, com as mulheres também acontece o mesmo. Então ficou dessa maneira, eu andava de pau duro por causa daquelas bundas deliciosas e as meninas ao ver meu cacete duro quase rasgando a sunga ardiam de tesão. Findou aquele dia inesquecível, onde todos nós nos divertimos como nunca. Tomamos banho, pescamos, colhemos frutos na floresta e despertamos os mais fortes desejos uns pelos outros.

Infelizmente não pudemos dar uma bela foda na beira ou dentro do igarapé porque não andávamos sozinhos, os velhos que tomavam conta do lugar nos faziam companhia. Lógico que esse era o plano, foder adoidado, mas furou. Retornamos para casa e depois de jantar fomos bater papo debaixo do abacateiro plantado ao lado, a galera escolheu brincar de cai no poço, uma brincadeira onde se fazem perguntas e quem erra paga com um beijo naquele que responde corretamente. Os mais espertos sempre erram para beijar alguém que admiram.

As Rosários decidiram voltar a me disputar, gostaram do que viram no riacho e queriam tirar uma casquinha, pelo menos um beijo. Nessa onda eu que me dei bem, pois tive a oportunidade de abocanhar a boca das duas piranhas. Enquanto beijava as bocetudas só imaginava o quanto eram gostosas e meu cacete latejava dentro da calça como se quisesse pular para fora.

Mais tarde, quando os velhos foram dormir a rapaziada ficou à vontade, cada casal foi procurar seu canto pra trepar. Eu, convenientemente, fiquei num local sozinho, dando sopa. Minutos depois uma das gêmeas apareceu e veio logo pulando em cima de mim. Era Gorete, que parecia está pegando fogo de tanto tesão.

Ela me beijou feito uma maluca e quase arranca minha língua da boca, depois me puxou pelas mãos e fui arrastado por aquela doida mata a dentro, rumo ao igarapé que ficava a poucos minutos dali. Mesmo falando que aquilo era pura doidice a desorientada não me ouvia. Ao chegar nas margens do riacho um vento frio soprava nossos cabelos, a água deslizava serenamente e somente as orquestras de grilos, rãs e sapos cantavam ao luar. Ela me empurrou sobre a areia branca e ficou de pé bem na minha frente, enquanto se descascava.

Fez um streep pra mim, rebolava e tirava a roupa, peça por peça, em poucos segundos estava completamente nua. Mesmo com a pouca luminosidade do local, devido a escuridão da noite, foi possível ver aquele corpo volumoso se despindo bem diante de meus olhos cheios de lascívia. Sua pele branquinha refletia à luz da Lua Nova e sem cerimônia se lançou sobre mim, na areia fria onde nos perdemos de tanta loucura.

Fiquei deitado e ela agarrou meu cacete com seus atuais 18 centímetros bem talhados, grosso e cabeçudo, apertando-o como se quisesse fazê-lo cuspir leitinho quente. Enfiou na boca e passou a chupar a cabeça como se fosse algo doce e saboroso, a cachorra já havia fodido bastante lá pelo nosso bairro.

Lembro de ouvir a galera falar que ela e a irmã davam o rabo adoidado pra rapaziada e topavam fazer de tudo, davam o cu que gemiam e, o que mais me deixou interessado em pegar as gêmeas era saber que tinham tesão no buraquinho apertado, coisa difícil de se ver. Na realidade foi mais por essa razão que acabei indo com aquela vaca pro areal, naquela madrugada faria a safada gozar por trás. A maioria das pessoas perdem seus parceiros para outras porque não procuram aprender o que realmente significa FODER, no pleno sentido da palavra.

Transar, fazer amor, fazer sexo, não é a mesma coisa. Esses atos, citados anteriormente, significa ir pra cama e enfiar o pau na boceta da parceira e gozar. O cara mete o cacete na vagina da mulher, soca até cansar e depois enche o buraco dela de gala e em seguida vai dormir. Certas mulheres agem de maneira semelhante e perdem pras putas. Isso por acaso é uma foda que se preze? Claro que não! Foder de verdade exige pelo menos um mínimo de orgia e sadismo. Sabem o real significado dessas duas palavras?

Não? Calma, eu explico sem que seja necessário vocês irem pesquisar no dicionário. Orgia é o ato de praticarmos as piores formas de imoralidade sexual que existem e sadismo é fazer isso com selvageria. Com certeza alguém ai deve está me chamando de louco! Tá certo, sem problemas. Mas depois não reclame se seu parceiro ou parceira pular o muro e ir foder com o vizinho.

Acontece que o prazer sexual de verdade só surge numa relação se ela vier acompanhado por uma boa pegada. Desde cedo aprendi a unir prazer com exagero na hora da foda e, apesar de a princípio elas reclamarem, acabam acostumando rapidamente e após uma experiência comigo nunca mais quiseram parar.

Esse é o segredo, a fórmula para fazer uma mulher cair aos nossos pés, implorando por mais sexo. Quando alguém procura viver outras experiências sexuais, além do namoro, noivado ou casamento, traindo seus conjugues é porque não estar satisfeito com a atual relação. E, na grande parte das vezes, é atrás de uma foda louca que estão à procura. As gêmeas viviam trepando na vara da rapaziada, fodiam exageradamente, mas continuavam insatisfeita, parecia que nada apagava o fogo que traziam queimando entre suas pernas.

Eram duas jovens imensamente grandes, porém, nuas não tinham barrigões nem pelancas, suas cinturas eram feitas um violão. E suas bundas? Bem, eram enormes, mas redondinhas e sensuais. Portanto, me propus a trepar com aquela vadia e colocar fim na tara incontrolável que a fazia nunca parar de procurar picas e mais picas. Deixei que ela me mostrar o que sabia fazer. A rapariga chupou, lambeu e bateu bronha no meu pau.

Depois fez um sessenta e nove, aquela posição antiga onde o casal inverte os polos, ela fica por cima e ele por baixo. Um chupando o membro do outro. Aproveitei para inovar e ao invés de cair de boca na buceta dela eu chupei seu cuzão enorme e ela logo começou a rebolar. Sentiu tesão no rabo, pensei. Depois veio ainda por cima e sentou no meu mastro, deixou ele entrar todinho, até bater no saco. Ficou rebolando, trepada na vara. De repente tirou da xana e enfiou no buraco detrás.

Ela ficou tarada depois que eu o chupei. Pronto, não passou disso pelos próximos cinco minutos. Era sempre repetindo as mesmas coisas. Então a empurrei sobre a areia e lhe avisei que iria fazer umas coisas novas. Coloquei ela de rabo pra cima e passei a lamber o seu buraquinho com a ponta da língua, ela rebolava e gemia. Depois passei a sugar fortemente e por fim enfiei o pau. Como percebi que ela estava tarada fui selvagem e socava com bastante força.

Começou a dar uns gritinhos de prazer, sua cabeça estava encostada na areia, o rabo carnudo empinado, eu por detrás arregaçando de forma cruel suas valas. De longe era possível ouvir as batidas da minha virilha nas suas nádegas, as socadas eram tão fortes e profundas que, devido meu cacete ser enorme, passei a sentir bater em alguma coisa lá dentro.

A vaca deixou de gemer e começou a urrar, parecia um urso, coisa esquisita! Mudamos a posição. Deitada de peitos pra cima e eu escanchado por cima, soquei a vara na boca da grandalhona e fiz ela engolir minha espada até bater no cabo. Agora eu socava na sua garganta. Alguém aí deve ter se perguntado: "Ei, essa porra não estava no cu, melado de meleca?

Quanta falta de prática! Para penetrar o ânus de uma mulher e não melar seu pênis basta deixa-la bem inclinada. Numa posição vertical privilegiada ou deitada de frente, com as pernas bem abertas e erguidas, conhecido como "frango assado. Dessa maneira não sujamos nossa ferramenta de trabalho. Quando enfiei o mastro goela a dentro ela quis engasgar por falta de costume. Mas nessa hora o correto não é puxar e sim empurrar o pau garganta a dentro até bater no talo. Dessa forma a safada não vai vomitar, tudo recolhe de volta.

Assim eu fiz e ela ficou com meu membro enorme encravado na boca, sendo empurrado para dentro e pra fora, numa foda louca que durou uns dez minutos. Deixei aquela putinha safada respirar enquanto abri suas pernas e enfiava minha cabeça entre elas, cai de boca no seu bocetão carnudo, lambendo aquele grelo gigante, do tamanho de um dedo mindinho.

Caracas, droga de pinguelo enorme! Aquilo mais parecia uma pica! me fez recordar Raimunda, minha irmã sapata. Mas quer saber? Eu até que gostei, deu pra encher a boca e saborear gostoso. Na realidade ela é que não suportou a pressão de minhas sugadas e se derramou em gala. Gozou rapidinho e dentro da minha boca! Foi a primeira vez, nenhuma outra mulher tinha espirrado leite quente da boceta na minha goela, adorei. Acontece que eu fiquei na mão, ela teria que me fazer ter um orgasmo.

Minha proposta foi que voltássemos a posição anterior, ela deitou e passei a foder na sua gocla. Porra, demorou pra caralho! Quase não consegui gozar, mas quando espirrou o leite ela até se entalou com a golfada de leite que foi numa grande quantidade. Mas acabou engolindo tudinho.

Comigo é assim, não tem essa de não fazer isso ou aquilo, ajoelhou tem que rezar! Na manhã seguinte não desgrudava da minha cola. Foi mais uma que provou da minha gala quentinha e endoidou por mim. Rosa, a outra das gêmeas, não entrou na pica enquanto estivemos no Bacalhau.

Capítulo 2 – Dominados Pelo Prazer

No último dia do passeio a galera decidiu ir a pés por cinco quilômetros, do local onde estávamos até o município de Buriti Corrente. Foi uma longa caminhada seguindo por uma estrada de chão. A aventura custou uns puxões de orelhas de nossos pais, pois saímos do Bacalhau escondido, sozinhos nas brenhas da mata e correndo o risco de deparar com alguma onça ou outro animal feroz.

Nessa caminhada, em certa altura, paramos às margens de um pequeno riacho e ali decidimos deitar um pouco. Rosa grudou em mim, com certeza soube que a irmã trepou comigo e decidiu fazer o mesmo. A princípio evitei, temia que os outros ouvissem. Mas estava escuro pra danar e percebi que os outros acamparam uns cinquenta metros depois de nós dois, inclusive Gorete sumiu sabe-se lá para onde.

Nós estávamos deitados no chão e ela subiu em cima de mim, estava usando um vestido e por baixo não tinha nada, sentou com a boceta em cima da minha cara e ficou esfregando aquela xana carnuda e raspadinha na minha boca, mandava que eu chupasse seu grelo. Era igual a irmã, possuía um pinguelo grande e pontudo, mal agarrei nele com a boca e a pilantra apertou bem a xoxota.

Senti o caralho dela raspando a entrada da minha goela. Porra, depois peguei nele e vi que era enorme, parecia um cacete de macho, o diabo era crescido além da conta. Aquelas malucas eram grandonas em tudo, até seus grelos estavam fora do padrão, parecia que fazia sexo com uma lésbica ou hermafrodita. Fizemos naquela ocasião tudo o que sempre fiz com as mulheres, enfiei, soquei com uma selvageria imensa o meu cajado em todos os seus buracos.

Fodi a goela dela como adorava fazer nas putas com quem trepava e enchi sua garganta de leite quente, preparado na hora, e a deixei revirando os olhos de prazer depois de leva-la a um gozo profundo. Entrei com a pica naquela bunda carnuda tantas vezes que no dia seguinte percebi a vadia sentando de lado, a safada adorou beber minha gala e todas as vezes que me olhava ficava lambendo os beiços, com cara de "quero mais".

Quando finalmente a escuridão da madrugada começou a se dissipar e os raios do sol apareceu entre as grandes arvores existentes à beira da estrada, ouvimos nossos colegas gritando para que seguíssemos em frente. Foi aí que percebi o porquê de Gorete ter desaparecido e dado espaço para que sua irmã fodesse comigo tranquilamente, ela e Vicente, meu amigo, tinham se embrenhado na mata e o danado revirou a pilantra pelo avesso.

Os dois se aproximaram com a cara mais limpa desse mundo, a vadia toda arrepiada e o sacana todo amassado, com certeza a putaria não foi das menores. Ao chegarmos na beira da rodovia pedimos carona aos caminhões que passavam e por sorte um bom homem parou seu carro e concordou em nos levar para casa depois de lhe explicarmos os motivos de nos encontrarmos ali. O que de fato aconteceu é que seu Lady Lauro só iria nos buscar no Bacalhau três dias após a data combinada.

Então os rapazes e moças decidiram ir por conta própria para a estrada tentar voltar para a cidade de carona, pois a maioria de nós iniciaríamos nossas aulas no dia seguinte. Claro que isso nos custou caro, pegamos umas bolachas dos pais que consideraram um ato irresponsável de nossa parte fazer tal coisa, mas já era tarde, fizemos e pronto.

Aquele passeio, que aconteceu no ano de 1979, marcou para sempre nossas vidas. Confesso que vivenciar tal experiência no início de minha juventude foi algo inesquecível e permanecerá para sempre em minha memória.

Por fim, Gorete, Vicente, Rosa e eu continuamos trepando, e um dia decidimos foder em grupo, foi nossa primeira suruba juntos. Depois daquele dia fizemos isso várias outras vezes e sempre incluindo novos candidatos na sacanagem.

Desde criança sempre fui sacana e aprendi desde cedo que as mulheres só serviam para duas coisas na vida: Trepar e ser mãe. Bem, essa a visão do meu tempo, não era como hoje que a mulherada acabou se beneficiando com diversas leis que defendem seus direitos e parecem ter mais valor e privilégio que os homens. Definitivamente sou machista. Dessa forma nunca respeitei um rabo de saia, independentemente da idade ou posição social, a não ser minha mãezinha.

De irmãs pra cima eu estava pronto para traçar no pau, bastava abrir as pernas, cheguei até em pensar jamais me casar ou gerar filhos, pois correria o risco de querer foder minhas filhas, principalmente se fossem rabudas. Isso imaginei depois de ver acontecer um episódio sinistro lá no bairro, onde foi descoberto que um certo homem comia as duas filhas e às engravidou, o sacana passou a ser pai avô. Que coisa danada aquela! Fiquei curioso com aquele acontecimento.

E procurei incansavelmente conversar com uma delas, queria saber se o pai forçava elas a foder ou se tinha acontecido com o consentimento delas. O que me motivou a ir em busca dessa resposta era que devia ser uma coisa muito doida uma filha sentir tesão pelo próprio pai, se isso de fato tivesse acontecido era um tipo de experiência maldita, as crianças geradas através daquela relação seriam amaldiçoadas.

Mas não podia negar ser uma novidade no sexo que eu precisava entender, pois me tornei um admirador fanático por tudo o que estivesse relacionado com a sexualidade, esse assunto muito me interessava. Aos dezesseis anos de idade fiquei fissurado em qualquer coisa ligada a sexo, quanto mais imoral maior era minha atração pelo assunto. Quando a bomba estourou e soube que ambas as moças eram maiores de idade, me perguntei se aquilo teria sido estupro ou um encesto em comum acordo entre pai e filhas.

Porque, pensemos bem: Uma mulher de dezenove e outra de vinte anos só dá a boceta para um pai se quiser, mesmo se estivesse armado só tinha uma pica e poderia comer apenas uma delas de cada vez, o que deixaria a outra livre para fugir e denunciar o tarado, certo? A não ser que ele já viesse se aproveitando das meninas a muito tempo, desde quando ainda eram crianças.

Penso que essas paradas acontecem porque são todos uns tarados. A tara de uma pessoa, seja homem ou mulher, criança, adolescente ou adulta precisa ser saciada e se não aparecer outro meio mais correto acaba servindo quem estiver por perto, parente ou não. Ao meu vê é isso que leva a acontecer essas paradas meio sinistras no meio das famílias. Lá em casa, por exemplo, a gente se fodia adoidado. Irmãos e irmãs trepando feito bicho do mato, isso porque vivíamos juntos no mesmo lugar, todos tarados.

Memórias de Um Sádico

Dominados pelo desejo louco de foder a qualquer custo. Aí, meu compadre, já viu. As molecas cresceram o rabo e tufaram as bocetas, nós passamos a bater punheta e na primeira oportunidade tivemos a maligna ideia de socar a vara nas maninhas que aceitaram e aprovaram, começando um encesto dos diabos. Eu me tornei um devorador de cus e bocetas, não estava nem ai de quem pudesse ser o buraco, enfiava minha manjuba nele e pronto.

Como disse lá atrás, dispensar uma foda só se fosse com minha mãe, aí não iria colar, mas nem minhas tias eu dispensei. Certa vez o irmão de meu pai, um tal de Sinésio, decidiu ir passar uns dias lá em nossa casa. Ele era casado com uma das irmãs de mamãe. Tudo em família. Acontece que ela era bem safadinha, lembro que antes deles se casarem nos visitou diversas vezes e ficava esticando meu cacete na rede.

Eu tinha uns nove anos e ela parecia achar interessante um menino da minha idade ter um pau tão comprido. Ela ficava deitada comigo, pegando no meu pintinho cabeçudo. Depois que se casou sumiu no mapa e somente ao completar dezesseis anos voltei a vê-la, era a baita de uma morena, rabuda e tudo mais. Ao me rever ficou toda entusiasmada, aquele moleque que conheceu no passado havia crescido e se tornado um belo rapaz.

Másculo e faminto por sacanagem. Eu tinha deixado meus cabelos crescerem e praticava esportes, tipo jogar bola, levantar pesos, etc.... Naquele dia todos saíram e deixaram a morena tomando conta da casa, meu pai foi com meu tio resolver uns assuntos, minhas irmãs foram bater pernas e mamãe entregar umas encomendas de costura a uma cliente. Eu tinha acabado de retornar da aula. E a pilantra mal me deixou entra entrar pela porta e foi logo me agarrando, parecia estar com o fogo do capeta queimando dentro daquele rabo enorme.

Abraços, beijinhos, muita saudade e tudo bem. Ela era esperta e percebeu que ao me abraçar eu correspondi com um aperto de estalar os ossos, logo que nossos corpos se enroscaram um no outro meu mastro endureceu dentro da bermuda colada e ela pôde ir logo sentindo a pressão da madeira na qual iria ter de trepar mais tarde.

Desde que era menino eu desejava foder aquela mulher, nem levava em conta o fato de ser minha tia, só pensava em enfiar meu pintinho nela. E agora, que ela havia voltado, era minha chance de realizar aquela fantasia.

Lembro que estávamos no inverno e chovia forte naquela noite, todos estavam dormindo profundamente quando passou pelo corredor, usando apenas um vestidinho curto, colado no corpo e transparente, deixando aparecer sua calcinha pequena e enfiada na brecha de sua bunda carnudo. Ela sabia claramente que eu não teria caído no sono e estava certa, pois fiquei desejoso pra saciar minha vontade de foder aquele monumento.

Assim, logo que passou na direção do banheiro que ficava lá fora, no quintal, fui de imediato atrás. Chovia forte, mas não nos importamos com o cair da água sobre nós, nos agarramos dentro do lugar sem muito espaço e passamos a nos foder ali mesmo, começando em pé e terminando pelo chão sem preocupação se iríamos nos sujar ou não.

A curiosidade dela em ver como tinha ficado meu pintinho depois de crescido foi tamanha que mal me aproximei e foi logo baixando minha cueca para vê-lo, parecia ter certeza de que ele havia se tornado uma enorme espada. Ao perceber que não tinha se enganado caiu de boca nele. E o engoliu até seus lábios baterem no saco, me fez sentir a cabeça do pau varando sua garganta e invadindo o mais profundo daquela garganta acostumada em engolir pica.

Foi diferente de quando fodi com as outras mulheres, pois não precisei ter que fazer o costumeiro vai e vem na boca delas, titia era bastante experiente no assunto e ela mesma fazia isso. Depois de abocanhar minha vara endurecida como se fosse uma estaca, ela movimentava a cabeça para frente e para trás, engolindo e soltando a cobra gigante o tempo todo, dando uns gemidinhos gostosos que me deixavam ainda mais tarado, excitado e de caralho latejando.

Quando pensava já ter conhecido de tudo numa foda me apareceu uma coroa de trinta e cinco anos ainda mais safada de que todas as outras com quem a chance de foder. Quando ela virou de quatro eu enlouqueci de tanta vontade que tive de cair de boca naquele cu e fiz isso com muita ânsia. Fui fascinado por sexo oral, fazia em qualquer lugar, bunda ou boceta, tanto fazia. Experimentei até em alguns cassetes, mais tarde.

Comecei lambendo o buraquinho com minha língua quente e áspera, logo que ocorreu o contato ela estremeceu, vi logo que a safada gostava de dá o cu. Depois de lamber chupei tão forte que a vadia grunhia parecendo uma louca, rebolando os quadris. Aí dei a ela o que de fato estava desejosa de experimentar, enfiei meu mastro no seu buraquinho quente e apertado até bater no cabo.

Titia realmente estava ansiosa para provar o que durante anos desejou. Nem sei explicar o porquê dela não dar umas chupadas no meu cacete, quando cuidava de mim na infância. Minha mãe saia de casa e ficávamos somente nós dois, tivemos muito tempo para fazer nossas loucuras, mas ela parecia ter medo que eu a dedurasse para sua irmã. Que nada, se isso tivesse acontecido eu jamais iria delatá-la para meus pais, nunca fui e nem sou dedo duro. Acho ridículos esses moleques de hoje em dia, que um adulto quer ensinar como foder e vão entregando.

Eu fui diferente, comecei a trepar ainda menino com minhas irmãs e todas que me deram oportunidade. Se me tornei um jovem experiente foi porque permitir que pessoas me ensinassem. Naquela noite de inverno, enquanto uma forte chuva caia sobre o telhado feito de zinco, dentro daquele banheiro eu e a mulher de meu tio nos comemos feito dois malucos.

Fizemos de tudo um pouco, piramos ao ponto de esquecer o risco que estávamos correndo ali. E se meu tio acordasse no meio da noite e sentisse falta de sua mulher? E se ele fosse à sua procura e acabasse nos descobrindo, trepando feito dois bichos no cio dentro daquele banheiro? O cara tinha a fama de brabo, meu pai dizia que ele havia pago pena na cadeia por tirar a vida de um outro cara.

Bom, admito que só parei para pensar nisso no dia seguinte. Depois da foda eletrizante tomamos banho e voltamos cada qual para seu quarto e fomos tentar dormir. Na manhã seguinte nos olhávamos com a cada cínica, éramos dois safados sentados à mesa do café, lembrando do que fizemos horas atrás. Não pensem que paramos por ali, repetimos a loucura diversas vezes durante o tempo em que ela permaneceu em minha casa. Titio Sinésio levou chifre pra danar e nunca descobriu que era corno do próprio sobrinho. Bem, pilantra como era sua mulher com certeza muitos outros a foderam vida à fora.

A diversão durou algumas semanas e logo voltei a ficar sem ter onde enfiar minha jiboia, mas foi por pouco tempo. Como andava tirando notas baixas em matemática mamãe resolveu me matricular numas aulas particulares com a professora Graça, filha do Seu Setenta, um vizinho e conhecido de papai. Ela possuía uma escola em sua própria casa, onde costumava dar aulas de reforço para alunos com baixo desempenho na escola em determinadas disciplinas. Na verdade, ela era primas das gêmeas com quem trepei na viagem ao interior

. Tratava-se de uma jovem com vinte e dois anos de idade, bastante alta, magra, cabelos longos e pretos...Resumindo: Uma gostosa. No meu primeiro dia de aula ela me recebeu muito séria e percebi que não dava mole pra moleques. Fiquei sabendo, antecipadamente, que a moça era osso duro de roer com seus alunos e descia a palmatória em quem não levasse os estudos à sério.

Bom, pensei, isso deve ser apenas com a molecada, pois comigo a coisa mudará de figura, visto que já sou bem crescido, ela não vai querer vir com esse papo de castigo para um cara com dezesseis anos. Aconteceu que, para minha surpresa, ela veio logo me advertindo sobre esse detalhe, disse que se eu não me esforçasse ficaria de castigo. Ora essa, logo eu que era rebarbado de carteirinha. Após sua colocação, a conversa ficou mais ou menos assim:

— Tá legal, professora, deixa ver se entendi: Aqui se a molecada pisar na bola e não responder os exercícios corretamente a senhora desce a porrada neles, é isso?

— Claro que não, como posso bater neles se não sou mãe? O que tenho permissão dada pelos pais para fazer é coloca-los de castigo

— Sei. E como é esse castigo?

— Depende. Pode ser palmatória, ficar ajoelhado no canto da parede ou permanecer respondendo seu exercício na sala após terminar o horário normal de aula. Somente vai para casa quando os pais ou algum responsável vier buscar

— Bem, mas são crianças. E no meu caso?

— Aqui o castigo é igual para todos, i do tamanho e da idade

— Você enlouqueceu? Nunquinha que vou aceitar uma parada dessas comigo!

— Então se esforce para não errar suas tarefas, porque do contrário ou vai pro castigo, ou vai embora e não volta mais aqui

— Pois não, já estou indo

Ao chegar em casa dona Raimundinha, minha mãe, já veio logo atirando pedras e perguntando o que tinha acontecido para que eu não tivesse ficado na aula de reforço. Não adiantou querer explicar que a tal professora veio com aquele papo estranho de castigo pro meu lado, a coroa desceu o sarrafo nas minhas costas com um cinto cuja fivela era quase do tamanho de um prato, e me mandou voltar por cima dos rastros.

Bem, se não podia ficar em casa, também não iria assistir aula com aquela professora maluca, então fiquei sentado na calçada da casa ao lado da escola até que um dos moleques olhou pela janela e me viu, avisando a biruta que eu estava lá fora. Ela foi ter comigo e me deu uma tremenda bronca, dizendo que eu deveria ir para minha casa ou entrar e participar da aula como faziam os outros alunos.

Fiquei mordido, peguei meus cadernos e fui para a pracinha que ficava a uns cinquenta metros de lá e ali permaneci por várias horas até escurecer. De repente sou surpreendido pela visita inesperada de Graça, a professora chata, que foi conversar comigo após encerrar seu trabalho.

— Nossa, menino, você é muito rebarbado, custava deixar de marra e ter ido assistir a aula?

— Olha aqui, primeiro não sou nenhum menino e por último não aceito esse papo de castigo

— Quantos anos tem, seu chato?

— Dezesseis!

— E já se considera um homem adulto?

— Garanto que menino é que não sou

Ela sorriu, admirando a forma como sempre tive as respostas prontas para lhe dá no momento em que falava comigo.

— Qual mesmo teu nome, seu brabo?

— Marcos!

— Muito bem, senhor Marcos, acho que começamos com o pé esquerdo. Eu sou a professora Graça e é um grande prazer tê-lo como meu aluno durante as aulas de reforço, será que podemos ser bons amigos?

Ouvir aquelas palavras, sendo pronunciadas de forma carinhosa e suave por aquela mulher trouxe uma certa paz ao meu coração aborrecido depois das cinturadas recebidas de minha mãe, em casa. Eu compreendi que as vezes não nos damos bem com certas pessoas por que de alguma maneira nos conhecemos num momento inoportuno, quando algo para nós vai mal e acabamos desforrando no outro nossas frustrações.

Logo antes de ir conhecer a nova escola de reforço, minha mãe recebeu da escola uma notificação de que eu andava péssimo nas aulas de matemática e me deu a maior prensa. Depois me vem a professora com o que tomei como ameaças, retorno para casa e levo uma surra...Bem, a coisa desandou. Ficamos sentados no banco da praça, batendo um longo e agradável papo, por longas horas. Comemos pipoca com guaraná que a nova amiga decidiu pagar espontaneamente no objetivo de selar nossa amizade.

Na tarde seguinte fui assistir minha primeira aula de reforços e correu tudo bem, não houve stress. Os dias se passaram, findou a semana e Graça me fez um convite que aceitei de pronto. A nova amiga me pediu para ir com ela no final de semana até um dos igarapés que passavam cerca de um quilômetro de onde morávamos colher samambaia, um tipo de trepadeira que serve para plantar em troncos de palmeiras. Depois que se desenvolvem enfeitam jardins e até o pátio de algumas mansões. Ela preparava e vendia nas feiras de artesanatos da cidade, como meio de conseguir aumentar seus ganhos.

Na manhã bem cedo daquele sábado fomos juntos para colher as trepadeiras nas margens do brejo, afim de que fossem confeccionados os artefatos para que revendesse no domingo. A professora usava um short tão curto que ao se abaixar para colher as plantas deixava de fora as beiradas de sua bunda gostosa. Apesar de ser alta, magra e caneluda a danada possuía cintura de violão e uma bunda bochechuda de deixar qualquer macho de pica latejando. Bastou vê-la usando aquela roupinha minúscula e colada que jurei a mim mesmo não retornar para casa sem arregaçar aquela vadia.

O que eu não sabia era que a infeliz, mesmo aos vinte e tantos anos de idade nunca tinha trepado numa madeira dura e seus dois buraquinhos eram completamente lacrados, minha professora gostosa permanecia com o mesmo selo que trouxe desde o dia em que nasceu, totalmente virgem. O fato de ela ter me convidado para ir pegar as samambaias no igarapé me deu a impressão de que ela estaria me convidando para foder. Mas me enganei e só percebi isso depois que dei com a cara nos burros. Decidimos tomar banho nas águas frias do riacho para limpar o suor adquirido pelo esforço feito ao colher as plantas.

50

Memórias de Um Sádico

Ela tirou a bermuda jeans que usava, ficando apenas com um minúsculo bikini vermelho tão estreito que as beiradas da boceta ficaram à mostra, me enlouquecendo de vez. Ficamos ali dentro do igarapé, nadando naquela água gelada. E enquanto ela parecia inocente quanto ao perigo que corria por estar sozinha comigo, na minha mente ideias terríveis se formavam de como eu iria virá-la pelo avesso numa foda selvagem e completamente louca.

Esperei pacientemente que ela pulasse em cima de mim enfurecida, arrancando fora minha roupa e caindo de boca no meu pau, como geralmente acontecia com todas as mulheres que antes transei, mas nada acontecia, a professorinha só parecia querer brincar.

Foi aí que pisei na bola, porque pela demora me agoniei e parti pro ataque. Como um predador voei na coitada e, percebendo que estávamos sozinhos, longe de qualquer outra pessoa que pudesse intervir nas minhas atitudes, me joguei em cima dela, tirando com violência seu minúsculo biquini e engatei um forte beijo na sua boca.

Ela era alta, mas magra demais para conter minha ferocidade, então ficou à mercê da minha selvageria. Impotente diante da minha tara louca a professorinha não teve como evitar que eu abrisse suas pernas e empurrasse na sua boceta meu mastro mais duro do que nunca. Porém, para minha decepção não queria entrar no buraquinho, mesmo forçando diversas vezes. Conclui que talvez fosse porque nos encontrávamos dentro da água e a levei nos meus braços para às margens, deitando-a na areia. O que mais incomodava era que todo o tempo ela gritava e pedia socorro como se eu estivesse tentando estupra-la. Então, depois de não conseguir penetrar sua boceta mesmo num local seco.

E pelo fato dela insistir em ficar pedindo para que eu parasse com aquilo, me contive por um instante e lhe interroguei, aborrecido:

— Mas que porra, mulher, até parece uma adolescente na primeira transa

— Como assim?

— Porque diabos está fazendo tanto escândalo?

— O que espera que eu faça, seu tarado de uma figa, está tentando me estuprar e quer que eu fique calada?

— Que papo é esse de estupro, sua perturbada? Só estou tentando foder contigo, mulher, não foi pra isso que me convidou para vir aqui?

— Tá louco, garoto? Tá pensando que sou alguma puta? Se soubesse que era um canalha da pior espécie jamais tinha te convidado para me ajudar a pegar as plantas

Ela me deu essa resposta enquanto vestia suas roupas e saiu correndo rumo a rodovia, sequer juntou as trepadeiras que colhemos, tão pouco as ferramentas usadas. Fiquei sem entender nada, confuso e envergonhado pelo que tinha acabado de fazer. Juntei as coisas que ela deixou e retornei para casa. No dia seguinte fui vê-la durante a aula de reforço na esperança de que pudéssemos conversar e tentar me desculpar pela confusão.

Entretanto, para minha decepção não a encontrei na escolinha, quem estava dando aula era Lúcia, sua irmã. Ao perguntar a razão dela não está ali fiquei ciente de que havia viajado para outra cidade e que no restante daquele mês não iria nos ensinar. Se passaram umas seis semanas depois do episódio e já me encontrava angustiado por não saber notícias da professora.

Foi uma enorme surpresa chegar na escolinha de reforço numa segunda-feira e reencontrar Graça nos esperando como costumava fazer, pronta para ministrar sua aula. Porém, completamente séria e sem me dar a menor atenção começou seu ensino, sempre me ignorando.

Aquilo era algo novo para mim, um homem acostumado a ser desejado pelas mulheres e não ter que fazer o menor esforço para possuí-las foi rejeitado de uma forma vergonhosa. No final daquela aula, quando ia saindo na companhia dos outros alunos fui impedido por Graça, que disse haver necessidade de conversarmos.

Depois de deixar claro sua insatisfação com meu comportamento anterior e explicar do porquê de não ter concordado em transar no igarapé, pedi desculpas e fizemos as pazes A professorinha me revelou que apesar da idade ainda era virgem, nunca tinha feito sexo. Fiquei boquiaberta com a revelação, pois geralmente fodia meninas com quase a metade da sua idade e saber que com mais de vinte anos ela se mantinha pura, pirei. Naquele momento, pensei: "Tenho que ser o primeiro a arregaçar esse cabacinho!"

Minha nossa, uma virgem daquela idade deveria ter o selo mais duro do que concreto, arrancar iria ser um tanto demorado. Passei o restante daquela tarde sentado no banco da praça, pensando naquela revelação. E para complicar mais ainda a situação imaginem quem de repente surgiu para dar continuidade a conversa? Isso mesmo, ela apareceu na pracinha e ficamos bater um longo papo.

Foi aí que entendi toda aquela situação, a coitada já havia se apaixonado por um canalha, no passado, que estraçalhou seu coração. Devido essa imensa decepção sofrida ela decidiu nunca mais se envolver com mais ninguém e com isso se tornou praticamente impossível que tivesse um relacionamento íntimo.

Em outras palavras, pela força do destino aquele rabo permaneceu guardado pra mim durante anos e o esperto aqui não iria dá uma de otário, deixando uma chance magnífica daquela escapar de minhas mãos. Agora ela iria trepar num pau e arregaçar sua xana.

Entendi que deveria ser esperto e não forçar a barra com ela, fingir que estava respeitando seu espaço e avançar com menor intensidade, nada de ir com muita sede ao pote feito um cara despreparado, inexperiente no assunto. Afinal, mesmo com a pouca idade, experiencia com as mulheres era o que não me faltava.

Após reconquistar a confiança dela voltamos a ir várias vezes no igarapé colher trepadeiras, as tais samambaias que ela tanto precisava para preparar suas obras de arte e vender para os ricaços do centro da cidade, afim de colocarem nos seus jardins. Aliás, aprendi como fazer os tais troncos de palmeiras e passei a ajuda-la na preparação dos mesmos, depois íamos juntos vender na feira. Esperta, não usou mais roupas exageradamente curtas para não acender minha tara.

Meu entusiasmo em cooperar com seu trabalho e a ajuda dada para que ela preparasse e vendesse seus produtos me rendeu maior confiança de sua parte e um enorme agradecimento, me tornei seu amigo e frequentava sua casa diariamente. Como os pais dela trabalhavam fora e pela manhã a irmão estudava, neste horário sempre estava sozinha em casa.

Visto que a escolinha de reforço só funcionava a tarde a seu convite passei a aparecer por lá de vez em quando, faltando aula na escola, é claro. Sabia que isso poderia me complicar com as notas e a frequência no final do ano, além de ser uma surra certa de Dona Raimunda, mas não podia dar mole e perder a oportunidade de rasgar aquela bocetinha zero quilômetro por nada nesta vida.

Assim, passava a manhã inteira a seu lado, ajudando nos serviços domésticos, esperando que a qualquer momento ela pudesse sentir vontade de foder e me convidar pra enfiar minha espada na sua racha. E minha espera não durou muito. Numa das vezes em que ficamos juntos ela me chamou para ajudar a arrumar seu quarto, estando ali ela se jogou na cama, me puxando logo em seguida para que seguisse seu exemplo e me deitasse sobre o colchão de mola, duro, que existia naqueles tempos e eram considerados os mais modernos da época.

Uma verdadeira merda se comparado aos atuais. Mas eu não estava nem aí onde teria de me deitar para comer aquela xoxota deliciosa. Estava disposto a topar qualquer sacrifício. Ela usava uma saia curta e transparente, a calcinha vermelha era tão estreita que a parte detrás estava toda enfiada no rego da bunda. E a frente, por ser fina além da conta, era engolida pelos dois lábios carnudos da boceta, totalmente sem pelos, lisinha e perfumada.

Nunca fui do tipo baitola e logo saquei o que aquela mulher cuja gala estava acumulada a tanto tempo queria comigo ao me convidar para nos deitar naquela cama. Com certeza que não seria pela simples necessidade de ficar batendo papo, pois isso poderíamos fazer isso na sala ou cozinha, como sempre fizemos. Não, o que de fato passava pela cabeça dela eram as mesmas loucuras que eu imaginava.

Começamos a nos beijar, fui chupando sua língua com muita força, como costumo fazer para deixar as mulheres bem excitadas. Ao mesmo tempo a mão boba alisava sua barriguinha esbelta, a ponta dos dedos alisava seus seios pequenos debaixo da blusa, durinhos e com o bico já todo ereto de tesão. Beijos, carícias e muito amasso acabaram por deixa-la completamente despida e sem perda de tempo eu já totalmente nu.

De cacete ereto e latejante puxei-a para a lateral da cama, abrir suas pernas e, ficando de joelhos caí de boca na sua buceta beiçuda, lambendo e chupando seu grelinho vermelho. Pelo visto nunca outro homem havia dado uma lambida nos seus buraquinhos carentes de carinho, ela não parava de gemer e ao mesmo tempo perguntar o que eu estava fazendo, porque agia dessa ou daquela maneira, parecia uma menina sem a menor noção de uma boa foda. Aos poucos se deixou dominar pelo prazer que a enlouquecia e se rendeu a todas as minhas loucuras.

Após um trato completo por todo o seu corpo, começando na testa e indo até seu buraquinho traseiro, colocando-a de quatro e chupando bem forte seu cuzinho, o que fez aquela inexperiente putinha se arrepiar inteirinha, chegou a hora de ensina-la que sexo também se faz na boca. Ainda deitada eu subi sobre ela até a altura do rosto, fiquei escanchado com as pernas abertas e posicionadas lado a lado de sua cabeça e enfiei meu mastro pouco a pouco através de sua garganta.

Primeiramente mandei que chupasse a cabeça do pau e ela obedeceu, achou uma delícia. Em seguida fui metendo devagar, até que varasse pela sua goela. A princípio quis engasgar, mas tive o cuidado de fazer direitinho e, quando ela deu fé já tinha entrado tudo, bateu até no saco. Puxei e deixei que ela respirasse, depois enfiei novamente até o tronco.

Repeti o ato por várias vezes e seus olhos ficavam esbugalhados, lagrimando, mas a danada era teimosa e queria fazer a sacanagem, parecia não querer se render pra um moleque metido a saber tudo. Azar o dela, pois isso iria me permitir realizar nela todas as minhas fantasias mais ousadas. Perdi a paciência de ficar fodendo lentamente e passei a meter o caralho com mais potência na garganta dela sem me preocupar se iria se entalar ou não.

E quer saber, desceu macio e quanto mais eu fazia um vai e vem gostoso ela só gemia, permanecendo com o olhar esbugalhado e a boca cheia pela grossura da pica. Aquela pobre mulher nunca antes havia engolido um cacete tão grande e grosso, no máximo devia ter dado umas lambidas na cabeça de algum caralho por aí, certamente do primeiro namorado que sequer teve pulso para enfiar na sua boceta, visto que a danada continuava virgem.

Juro que com tantas fodas no meu currículo estava ansioso para invadir aquele buraco lacrado para saber a diferença entre uma virgem e outra com a xana varada. A maioria dos caras, hoje em dia principalmente, não dão a mínima para esse detalhe e é comum ouvir das feministas que esse negócio de virgindade é tabu. Entretanto, é bom salientar aos menos informados que uma boceta novinha em folha e lacrada vale muito, porque possui um sabor diferente.

Talvez o leitor, curioso por causa dessa afirmação, se pergunte o que poderia causar tamanha diferença ao penetrar um buraquinho pela primeira vez de outro já bastante usado, e lhe dou a seguinte comparação para que entenda perfeitamente o enorme contraste nos dois casos: Imagine você que tem paixão por carros poder ir a uma loja de sua escolha comprar um carro zero quilômetro no modelo que quisesse. Seria ótimo, não é?

Então, será que porventura o amigo iria deixar de comprar seu carrão do ano e, ao invés disso, comprar uma sucata? Ora, nem preciso ouvir sua resposta, certamente que a sua escolha seria optar pelo veículo novinho em folha. Logo, a mesma ideia podemos fazer em relação a uma foda numa xana virgem, ter o prazer de ser o primeiro a romper o lacre de uma mulher e se tornar inesquecível durante toda a sua vida é uma experiência única.

Experimentada por poucos hoje em dia. Lógico que alguém aí poderá resmungar e dizer que isso não tem nada a ver e que já nem se lembra mais do primeiro com quem fodeu. Mas garanto que se assim for dito por alguma mulher suas palavras não passam de uma forte dor de cotovelo, com certeza o macho a quem ela deu o seu cabaço comeu e depois tacou o pé no seu traseiro, causando essa revolta. Mas pode ter certeza de que mesmo magoada ainda se lembra do infeliz, nem que seja zangada

Se sofremos a perda de um de nossos membros físicos jamais conseguiremos esquecer em qual situação isso nos ocorreu, concorda? Você perderia um dedo num acidente e esqueceria o episódio facilmente, se todas as vezes que olha para sua mão sente falta do pedaço que sumiu de seu corpo? Evidente que não! Portanto, é assim que as coisas funcionam com as mulheres, elas nunca esquecem a primeira pica que rasgou o selo de suas vaginas e o respingar do sangue que caiu sobre os lençóis.

E se não pôde visualizar o sangue que saiu da boceta, então o que marcará essa primeira vez será a paixão sentida pelo macho que a fodeu, se não existia amor, será pela dor sentida, a loucura cometida, a aventura vivida. A verdade é que não existe essa de dizer que a primeira vez não marcou sua vida.

Pois como afirma certa música brasileira, "o primeiro namorado é o que conta, os outros são apenas os outros, e só". Assim, por compreender a importância que existia em ter a honra de inaugurar aquele buraco faminto de sexo, me encontrava extremamente eufórico durante a situação. Por sorte não vacilei e acabei brochando como geralmente acontece com certos homens ao ir ao pote com muita cede.

As mulheres estão de boa, pois basta abrir as pernas para receber o cassete do macho, mas nós, além do intenso desejo ainda necessitamos da ereção para que o pau fique bem ereto. Caso contrário a porra amolece e fica sem a menor condição de penetrar a droga do buraco guloso.

Mas, como disse, felizmente correu tudo bem e naquela manhã e após lamber e chupar as duas entradas da professorinha e deixa-la louca de tesão, ainda deitada na lateral da cama, toda abertinha, coloquei suas duas pernas sobre meus ombros e vi diante de meus olhos arregalados uma boceta linda, deliciosa, diferente de todas as outras que antes pude contemplar, totalmente de boca aberta me implorando para que enfiasse nela meu mastro gigante.

Gente, como eu poderia negar um pedido tão gostoso como aquele? Ainda com as pernas dela postas sobre os dois ombros e as duas mãos livres, segurei firme bem no meio da pica para poder apontar no centro da vala e empurrei no pequeno furinho que via por debaixo do grelinho dela. De imediato a vara não conseguia entrar, ela gemia a cada esforço que eu fazia. Aos poucos foi rompendo, a cabeça não passava porque é enorme, parece um tomate bem grande, fofa, vermelha e macia. Mas com um pouquinho de jeito e melado de cuspe foi passando.

Finalmente entrou a ponta, depois o resto, passei a socar para dentro e para fora. Primeiro devagar, aí fui aumentando a velocidade aos poucos. A rapariga rebolava em cima do colchão, a cama antiga começou a ranger e fazer muito barulho. Decidimos sair de lá e fomos pro chão. Eu socava a pica naquele bocetão carnudo e ela dava uns gritinhos no meu ouvido, mordia minha orelha e pedia que eu a fodesse mais, com maior intensidade, queria me sentir inteiro dentro dela...Caramba, foi a melhor foda da minha vida!

Em seguida mandei que ela virasse de quatro e dei mais umas lambidas no rabo dela, ainda virgem, nem nunca ter engolido um pepino igual ao meu. Em cima de uma penteadeira onde a mãe dela guardava vários vidros de perfumes e outros cosméticos usados na época pelas mulheres, encontrei um creme para cabelos. Por saber que enfiar a vara num cu não é como meter na boceta, pois se trata de uma área seca e sem qualquer lubrificação natural, melei bastante a entrada com o tal creme para facilitar a penetração.

Coloquei um travesseiro no chão e mandei que ela encostasse a testa nele, por trás eu enfiava o mastro no seu rabo ainda com selo. A tarefa não era fácil, nem para mim ou para ela, pois o diabo do buraco estava apertado. Minha nossa, devido está acostumado a meter em buracos rasgados com grande facilidade me vi enrascado para perfurar aquele poço.

Ainda tem quem diga que uma mulher quilometrada na foda não tem diferença alguma de uma que está iniciando, quem pensa assim é uma mulher que tenta se dá valor depois de ter os dois buracos estragados ou é um cara que nunca comeu uma virgem, principalmente depois dos vinte, quando suas carnes ficam mais duras de rasgar.

Foder uma adolescente é mais fácil que inaugurar uma coroa, é como romper uma parede de concreto com uma marreta pequena e sem peso. Bem, a verdade é que esfolei a cabeça da pica e no dia seguinte quase não consigo mijar direito. Finalmente o pau varou o cu da safada e passei a socar nele com muita vontade, aquela loucura durou mais ou menos umas três horas e fizemos todo tipo de sacanagem que eu gostava de fazer nas mulheres. Ainda bem que ela aprovou todas as minhas fantasias sexuais e pelo visto a safadinha viciou, pois todas as vezes que a gente transava ela queria cardápio completo.

Ficamos tão viciados em foder na cama dos pais dela que para evitar continuar faltando às aulas passamos a trepar todas as noites na casa da tia dela localizada ao lado, a velha era surda e passava o tempo todo fazendo crochê. Olhem, eu fodi tanto o cu daquela safada que certo dia, quando estava engatado no rabo dela, ao puxar minha vara dei uma olhada no tamanho que ficou aquele buraquinho virgem de antes e percebi o quanto havia rasgado de tanto levar vara. O diabo parece que tinha esticado de um jeito assustador. É comum depois de tirar o cacete do ânus ele permanecer aberto por alguns segundos e somente depois fechar.

Como ela estava de quatro e com a bunda bem empinada ficou fácil visualizar o caneco da pilantra arregaçado bem na minha frente, visto que a luz do ambiente estava acesa e a luminosidade era ótima. Comecei a rir da cômica situação e ela ficou perguntando a razão de meus risos, nem se tocava que ria da imensa brecha que fiz na sua racha. As mulheres não entendem o porque da maioria dos homens — esposo, na morados, etc... — Após certo tempo cair fora de suas vidas. A principal razão disso é porque elas ficam tão frouxas que já não sentimos mais prazer em lhes enfiar a madeira.

É muito chato foder um cu ou boceta onde já não somos mais capazes de sentir nosso membro esbarrando nas paredes. O que nos dá prazer numa transa não é simplesmente o entra e sai do pau no buraco, mas o esfregar dele nas laterais da xana e se isso não ocorre é inútil o ato. Algumas reclamam de seus parceiros gozarem rápido ou por demorar demais, quando estão a foder, isso ocorre porque num dos casos o local é apertado e o pênis se enrosca bastante, levando ao orgasmo. No outro, devido ser exageradamente folgado o indivíduo não sente qualquer prazer e demora a atingir o clímax.

Certas mulheres irão dizer que não existem bocetas ou cu frouxos e sim paus finos, mas essa conclusão está descartada em minhas experiências, pois possuo um cacete enorme, grosso e cabeçudo, porém já encontrei xanas frouxas. Isso indica que elas foram invadidas tantas vezes por mastros iguais ou mais volumosos que o meu ao ponto de estarem incrivelmente alargadas, terrivelmente estragadas.

Essas ai já era, só um jumento para preencher. Se Graça fodesse com um cara cujo membro fosse ´menor e mais fino do que o meu ele iria achar que estaria enfiando sua ferramenta dentro de um poço sem fim, a safada estava bem estragada. Fodemos demais, era todo dia por longos meses. Era na casa da tia, na cama dos pais, no igarapé aos finais de semana e feriados, acontecia onde dava.

A professorinha tímida que demorou a dar a boceta ao fazer gostou tanto que não queria mais parar. Aprendeu, também, a beber gala e se viciou feito um bezerrinho desmamado, todas as vezes preferia que o leite da pica fosse despejado na sua boca e engolia tudo com o maior prazer. Mas como tudo um dia chega ao fim a nossa relação também encontrou seu final. Naqueles dias chegou na casa da cadela um de seus tios que residia em Alagoas, um cara bem vistoso, barba bem-feita, alto e de porte físico invejável.

Não que eu me sentisse diminuído diante do tal alagoano, mas parece que ela o achou mais interessante. Depois da chegada do indivíduo na cidade eles passaram a andar juntos pra lá e pra cá, era uma frescura só. Comecei a ficar desconfiado da situação, porque a vagabunda diminuiu a frequência em me procurar e se eu a chamava para ir para as fodas inventava desculpas. Nossos encontros reduziram a um ou duas vezes por semana e ficaram tão frias que seria melhor bater uma boa punheta.

Parei minhas idas na sua casa principalmente após ela parar de dar aulas. A desculpa era que teria se cansado do trabalho que fazia com a garotada, mas dava pra perceber ser apenas desculpas esfarrapadas. Seu desinteresse por mim ficou tão aparente que melhor seria dá logo um pé na bunda e me dispensar de uma vez, mas preferiu ficar enrolando. Depois, quando finalmente brigamos e ela teve a cadência de abrir o jogo, fiquei o que de fato acontecia durante o período em que ficou se esquivando de mim. A pilantra e o irmão da mãe começaram a se pegar.

No mesmo local em que antes a gente trepava a vagabunda decidiu dá o rabo pro tio, dentro da casa e na cama da irmã dele, sem o menor pudor. Bem, resumindo, levei uma tremenda chifrada, foi a primeira e doeu pra caramba. Confesso que passei vários meses desanimado com as mulheres, principalmente ao ver Graça andando de mãos dadas com o canalha que assumiu meu lugar. Desde que aconteceu esse episódio comigo entendi que para as mulheres ter uma vara enorme, grossa e tesuda não é o bastante.

Na verdade, tanto faz se possuímos ou não muito dinheiro, paus grandes, fama, status social... Elas acabam nos trocando por outros as vezes bem inferiores. Já acompanhei na mídia casos em que muitas delas traem seus esposos importantes por caras fuleiras e sem ter onde cair morto, alegando não estarem felizes na relação.

Enquanto umas afirmam trair por falta de um bom sexo, outras alegam viver sob pressão, ausência de dinheiro e conforto, não serem correspondidas no amor, etc. Ou seja, sempre há uma desculpa esfarrapada, mas no final a verdade é apenas uma: Safadeza. As mulheres são infiéis desde a criação do mundo, aliás, apesar de se afirmar que o criador do mundo é perfeito.

Costumo pensar que se há algo que ele criou completamente falho são as mulheres. Passei a ter isso em mente depois de ler a história de Adão e Eva, a sem vergonha mal teve uma chance e foi logo abrindo a guarda pra serpente. De semelhante forma suas descendentes agem em nossos dias, trocam bons partidos por outros completamente fuleiras. Confesso que senti muito a falta daquela lascada, mas com o tempo acabei me confirmando com a chifrada e terminei esquecendo, voltei a atuar na malandragem com outras mulheres.

Ela, por sua vez, casou-se com o tio e foi morar no Estado de Alagoas., nunca mais voltei a vê-la. Pensei que dando umas boas varadas naquele rabo iria fazer com que ela se ligasse em mim a tal ponto de jamais pensar em me deixar, porém, as coisas aconteceram de maneira contrária ao que esperava. Ainda bem jovem, másculo e com uma sorte danada para atrair novas pretendentes não foi difícil preencher a falta que ela me fez.

Capítulo 3: Comendo As Primas

Depois daquela parte de minha história conclui os estudos fundamentais — com bastante atraso, por sinal — e meus pais decidiram me mandar para outro Estado, morar com uma tia, afim de concluir o Ensino Médio. Ali foi que as coisas aconteceram de maneira espantosa na minha vida.

Aos dezenove anos de idade, viciado em foder cu e boceta, além de adorar encher a boca das vagabundas com leite de pau, me encontrei numa casa com cinco primas gostosas. A mais velha tinha vinte e um anos, todas seladas, cabaço, virgens! Logo que deparei com as primas gostosas, umas negras do rabo carnudo e umas bocetas tão grandes que dava pra ver o volume debaixo das saias justas e curtas que usavam, me perguntei do porquê de ficar tanto tempo sem ir na cidade que fica a duas horas da minha para visita-las.

Nos vimos quando ainda éramos crianças e nunca mais voltamos a nos reencontrar. Titia era uma coroa esperta e não confiava em deixar as meninas sozinhas em casa comigo, dessa maneira a vó paterna ficou encarregada de nos vigiar enquanto ela estivesse fora, mas nada adiantou. Elas, assim como eu, eram dominadas por uma vontade incontrolável de foder.

Jamais pensei que aquelas negras do rabo de tanajuras pudessem ficar tão deliciosas depois de crescer, quando éramos pequenos elas vinham para nossa casa no Maranhão passar as férias e aí a gente aprontava de tudo. Eu e José tentávamos matar a tara delas, empurrando o pinto nos seus buraquinhos, mas nunca entrava porque bastava arder na entrada do buraco e elas saíam fora. Eram um bando de molengas. Mas também pudera, não passávamos de um bando de moleques travessos na bandalheira, nada sério. Todos nós sabemos que é uma tradição de toda família que se preza os primos treparem com as primas.

Até tios enrabam sobrinhas, conheço um homem que até se casou com a filha da própria irmã. Eu não teria coragem de fazer uma parada dessas. Comer uma sobrinha? Não, seus bobos, casar com ela. Enfiar o cacete eu faço e com a maior tranquilidade, como já falei antes, só dispenso mesmo minha mãe e olhe lá. Pois é, depois de lhes explicar de onde começou nossa safadeza vou lhes contar o que aconteceu.

Bem, o primeiro erro de minha tia foi me aceitar morando dentro de sua casa depois de ter aquela quantidade imensa de filhas mulheres, dando sopa. Altina, a prima mais velha, trazia escrito na testa que ansiava por sentir uma vara bem grande, dura e cabeçuda, sendo enfiada nos seus buraquinhos tarados.

Não sabia ao certo se já fodia, nos tempos de menino andei esfregando o pinto nela, mas não entrou, depois disso nada mais rolou entre nós. A mesma situação servia para todas as cinco bocetudas, pouco sabia sobre suas vidas. O esposo de minha tia, a quem por educação eu aprendi a chamar de tio, parecia não está nem aí pra família. O cara era Maçom e passava a maior parte do tempo fora de casa, nas reuniões maçônicas ou no trabalho.

Era um negro alto, do tipo atlético, de longe a gente podia enxergar a cor branca de seus dentes ou dos olhos, uma cópia fiel de satanás, não entendia o que minha tia viu naquilo, uma mulher branca e linda como aquela. Papai dizia que ao se casar com o maldito meu avô quase morre de desgosto, afinal, o cara tinha preconceito de cor. Mas não tem dessa, quando a mulher decide dar o rabo ninguém segura, nem reza de padre ou porrada resolve. Mas como costuma se dizer por aí: "Aqui se faz, aqui se paga!" O cara lá em cima cobra caro por nossos erros, eu quem o diga!

Nasceram cinco xiris para foder sem parar e dar a ela o troco pela afronta que fez contra o pai. Não veio um só macho pra comer as filhas dos outros, eram as dela que iriam ser enrabadas, e começaria por mim. Num domingo rotineiro como todos os outros, titia que era evangélica ordenou que nós dois, eu e Altina, não fôssemos para a igreja. Naquela manhã, em especial, nossa missão seria fazer uma faxina completa na enorme casa com três quartos, três salas, cozinha, corredor, escritório...Nossa, estamos lascados — pensei.

Mas, esperem aí, não seria uma ótima oportunidade para cair matando nas minhas primas e tirar o atraso? Lógico que sim! Então porque estava descontente? De imediato me animei e mal amanheceu já estava no ponto para iniciar o serviço doméstico, até recebi elogios de meus tios que nem de longe imaginavam quais minhas reais intenções.

Calma lá, não pensem que a ideia de safadeza partia apenas de mim, Altina também teve a mesma ideia e bastou todos saírem para ela trancar todas as portas e janelas, passou o cadeado no portão, tirou o longo vestido de irmã da igreja e vestiu uma minúscula saia, acompanhada por uma blusa tão pequena que sua barriguinha ficava toda de fora.

Percebi e entendi o recado. Também tirei a bermuda e fiquei só de cueca, deixei meu corpo sarado à mostra e o cacete dentro da apertada sunga latejava feito o capeta, doido pra saltar fora e ser engolido por aquela boca grande e suculenta. Propositalmente ela varria os cômodos e se abaixava para limpar sob os móveis, arrebitando a bunda e me permitindo ver sua calcinha toda dentro do cu e da boceta. Eu desfilava com meus bíceps à mostra, além do pau quase explodindo dentro da cueca. Ficamos naquela frescura por mais ou menos meia hora e analisamos que nosso tempo pra foder seria curto, pois além de ter que trepar até alcançar o gozo, ainda teríamos que dá conta da limpeza do lugar.

Nos olhamos e foi como se pensássemos juntos a mesma coisa. Largamos as vassouras e nos agarramos numa tara descontrolada, caímos por cima dos móveis, rolamos pelo sofá e terminamos no piso gelado, nos beijando e comendo a língua um do outro. Tiramos nossas roupas e depois de pelados começamos a praticar todo tipo de sacanagem que antes aprendi.

Todas as formas de foda que eu propus ela aceitou porque já sabia como fazer. Sim, a vagabunda de minha prima era experiente por demais ao trepar numa pica, até aprendi uns truques novos com a cretina. Noutra ocasião me explicou que sua primeira transa foi aos treze anos com um professor de língua estrangeira. O cara foi esperto e pelo visto não só ensinou a pilantra o idioma, como a usar sua língua para outros fins.

Pensem numa mulher pra saber chupar, lamber e engolir um cacete. Com ela não precisei ensinar nada, foi logo caindo de boca no meu mastro e engolindo tudinho, até seus lábios baterem no meu saco. A garganta daquela vaca era tão profunda quanto as valas de seu cu e boceta.

Lembra que antes mencionei o fato de que mulher fodona fica frouxa e sentir prazer nelas é difícil, mesmo se nossa ferramenta de trabalho sexual for do tipo médio ou grande? Então, foi assim com a vagabunda, só ainda tive um pequeno gosto pela foda ao enfiar atrás, mas depois que melou a pica parecia um poço.

Mas tudo bem, meu irmão, o que vem de graça não nos traz prejuízos. Fodi por um bom tempo aquela cadela até que a vi revirando os olhos num gozo profundo. Para conseguir essa proeza tive que apelar para a experiência, enfiando os dois dedos de uma só vez no cu da safada e metendo a vara na xana, aí ela derramou a gala.

Fiquei decepcionado. Pensava que a prima ainda fosse cabaço, pois, sendo crente não imaginei ter trepado tanto. Essa é uma coisa que sempre adverti meus dois filhos machos, para ter cuidado com essas irmãzinhas que andam por aí, usando saia comprida e de bíblia nas mãos. Sei que no meio delas existem umas decentes, mas a maioria são todas umas bocetas rasgadas.

Meu pai chamava esse tipo de "putas arrependidas". Elas dão o rabo pro primeiro que aparece em nome do tal amor de adolescente e depois que levam um tremendo pé na bunda, vão para as igrejas vê se pegam um otário que sirva de pedreiro e tampe seus buracos. Eu nunca dei uma de tolo pra essas vagabundas, todas as que atravessaram meu caminho eu estrepei na pica e depois mandei irem se lascar pra lá.

Esse papinho de que virgindade é coisa do passado não cola comigo, ao meu ver se as mulheres nascem com um selo na boceta é porque devem dar ele somente ao se casar e precisam estar seladas, lacradas e com seus buracos sem uso na noite de núpcias. Já nós, homens, somos como os animais, já nascemos liberados para foder com quantas aparecerem.

69

Isso é privilégio dado apenas aos machos! E se alguém discordar que vá reclamar pro dono da vida, pois foi ele quem fez ela assim. Nunca me casei, fui um completo aventureiro por toda minha breve existência, mas se tivesse tomado a decisão de me unir a uma mulher diante do altar não colocaria aliança de ouro na mão esquerda de qualquer safada, para receber meu sobrenome ela teria que merecer começando pela pureza de seu corpo.

Negócio é esse de comparecer diante do padre ou pastor acompanhado de uma vadia que já chupou várias picas? Levou vara no cu e na boceta e agora vem querendo ter título de dama? Nem pensar, comigo não. Não existe nada pior para um homem de vergonha na cara do que andar por aí de mãos dadas com uma mulher e depois ser motivo de chacotas da parte daqueles que a comeram antes dele, quem se submete a uma situação dessas não sabe se dá valor.

O pior é que neste mundo visto como moderno levar chifre e se tornar tapador de buracos algo aceitável por parte dos otários, inclusive, tem até quem goste de dividir suas mulheres com outros machos. Vejam só.

Depois da foda decepcionante com a minha prima mais velha passei a perturbar a do meio, Estela, de dezoito anos. Ainda na infância, eu com doze e ela com dez anos, nós fazíamos nossas sacanagens lá pelo quintal de minha casa sem que mamãe e os outros se dessem conta. Isso ocorria no período das férias, quando titia levava as meninas para ficar um tempo com a gente.

A pretinha de boca grande e rabo bem empinado, desde pequena adorava pegar minha pica e enfiar na boca, era viciada em chupar, chamava meu cacete de pirulito. Acho que na verdade a família inteira é assim, inclinada a gostar de sexo e praticar as mais ousadas orgias. Cada uma das meninas possuíam um tipo de gosto diferenciado.

Enquanto Altina apreciava sacanagem completa, Estela dava preferência ao sexo oral, se dizia viciada em engolir paus. A danada já tinha feito boquete nas varas da maioria dos amigos de escola e os colegas que moravam nas redondezas. Incrível como meus tios nem se davam conta do bando de putas que criavam dentro de casa, o pior era ver as vagabundas indo todo domingo pra igreja com a cara de santinhas do pau oco.

Pra mim as religiões só servem para mascará pessoas safadas, sejam homens ou mulheres, e esconder suas verdadeiras personalidades. Pude acompanhar essa situação bem de perto durante os três anos que morei ali, meio aquelas ordinárias. Nas muitas vezes que participei dos cultos na Primeira Igreja Batista da Vermelha, vi as cinco pilantras vestidas em estilo sacro e cantando num coral de jovens cristãs.

 Louvavam ao criador do universo, como se porventura ele recebesse de suas bocas imundas alguma adoração. Tenho certeza que ele prefere ouvir o cantar dos pássaros e a sinfonia das orquestras feitas por grilos e sapos, durante as noites de inverno nas lagoas, do que aquilo.

Nunca fui muito religioso e sou totalmente contrário a quem assim faz, porém, tenho completa certeza que se escolhesse seguir alguma ideologia cristã seria pra valer, sem máscaras nem hipocrisia. Mas, como ia dizendo, a negra do rabo arrebitado não sentia prazer nos buracos, apenas na boca. A safadinha me dizia que adorava sentir minha vara dura invadindo sua garganta, era isso que endurecia seu grelinho de tesão. Acreditem se quiser, mas algumas vezes eu presenciei ela gozar com a vara na goela. Era meter bem fundo e ela gozava. Eu socava forte minha espada na sua gulosa garganta tão infinitamente grande que até parecia um poço sem fim e a danada mijava gala.

71

A vadia abria a boca e engolia minha ferramenta como se fosse um pedaço de carne qualquer que comia no almoço, não se entalava nem nada. Eu ficava em pé na sua frente e ela se ajoelhava aos meus pés, ela engolia até o saco e ficava movimentando a cabeça pra frente e para trás, num movimento frenético e gostos que me levava a ver estrelas. Admito que nunca mais conheci uma mulher que soubesse fazer um sexo oral como aquela, pois não perdia tempo lambendo ou chupando o meu cassete apenas na cabeça ou até a metade. O que lhe dava prazer era meter ele inteirinho na goela, lá dentro mesmo, bem no fundo. A gente se encontrava pela parte da noite, depois das oito e meia, quando todos estavam distraídos assistindo TV.

Meu tio, nas poucas vezes que chegava cedo, via o telejornal da época que só falava em desgraças. Minha tia e as outras meninas grudavam na telinha para assistir à novela que estava apresentando seus últimos capítulos. Assim, foi esse o horário escolhido para que fôssemos praticar nossa sacanagem dentro de um quarto pequeno e apertado, localizado bem no fim do imenso quintal. Fizemos isso durante meses, mas ela nunca me permitiu foder seus buraquinhos e até hoje jura ter casado virgem.

Débora, a terceira das vadias, naquela época com quinze anos, gostava mesmo era de dá o cuzinho, seu vício por essa forma de trepar era surpreendente. Na meninice eu esfreguei o pau em todas elas, mas nunca cheguei a foder pra valer. Essa aí eu fiz chupar minha rola e passei a cabeça do pinto na xana dela, mas não penetrei. Depois de crescida deu o caneco roxo adoidado para os garotos do bairro inteiro. Numa conversa que tivemos ao retornar da aula para casa me falou descaradamente que até com o filho do pastor fodeu dentro do banheiro da igreja.

Engraçado era que ao observar o comportamento daquelas cinco moças ninguém sequer por um segundo desconfiaria que fossem tão prostitutas, pois possuíam um caráter sério e fora de qualquer suspeita. Naquela mesma noite do dia em que ela me fez tal revelação nos encontramos no mesmo local pra trepar. Para despistar Estela, que bastava escurecer e já se prontificava para chupar minha pica, inventei não está muito legal e que iria dispensar a sacanagem.

Eu e Débora nos trancamos no ponto de encontro. Ela usava apenas um vestido apertado e curto, ficou de quatro ao debruçar por cima de umas sacas de cimento, arrebitando aquela bunda carnuda na minha direção. Sem mais perda de tempo passei a lamber e chupar seu cuzinho, bem lá dentro do buraquinho.

A negra rebolava e gemia, ficou tarada, pegando fogo, pedia que eu enfiasse logo o cassete no seu túnel roxeado. Melei a cabeça do pau com um pouco de cuspe e o enfiei com força naquela caverna escura e quente, no início apertado e depois foi afrouxando, mas ainda era possível sentir prazer com o vai e vem frenético que fazia. Enquanto eu socava a vara no seu buraco ela se retorcia toda, rebolava a bunda e dava uns gritinhos deliciosos de ouvir.

O tesão daquela putinha religiosa era mesmo no cu e ela enlouquecia a cada estocada que levava no rabo, provando que tinha sido sincera ao afirmar que somente desse jeito se sentia realizada com os machos. Nos demos muito bem nesse particular, pois eu também sempre fui viciado em foder bundas, eu nunca fui soberbo e em termos de sexo não dispensava nada, mas minha preferência, sempre foi um cuzinho bem apertadinho e quente. Dizem que homens com esse tipo de inclinação sexual possui fortes chances de ser gay, aliás, estudiosos do assunto afirmam que:

Fica bem carnuda, igual a xana de uma mulher adulta. Acho que é por causa disso que os tarados abusam de certas crianças, seus órgãos genitais atraem suas atenções e buscam satisfazer a busca descontrolada pelo prazer. E comigo não foi diferente, ao ver as duas nuas e de pernas arreganhadas em cima da cama, onde estavam deitadas após ter tomado banho, meu cacete latejou feito a peste.

Desde pequenas as sem vergonhas pareciam querer dar o buraquinho, pois abriam a xana com as duas mãos na minha direção. Claro que alguém pode querer dizer que as meninas são assim mesmo, costumam pegar nas pererecas e brincar com elas. Mas depois de ver no que se transformaram depois de adolescentes mudariam de ideia.

Eu me ajoelhei ao pé da cama e, mantendo as duas lado a lado, bem abertinhas, passei a lamber suas brechinhas. Elas não sentiam qualquer prazer naquilo, a satisfação era unicamente minha. Mas fazer aquilo e ao mesmo tempo bater uma punheta foi delicioso demais. Podem me chamar de pedófilo, tarado, monstro, não estou nem aí. Afinal, já me encontro com meus dias contados mesmo. Aliás, é exatamente por causa disso que estou revelando todas essas verdades aos meus milhões de leitores.

Na adolescência Sandra era totalmente oposta a suas outras irmãs, no sentido físico, pois era magra e não possuía o corpão que as outras herdaram da mãe. Linda de rosto e com um carisma irresistível ela atraía admiradores para si, mas em termos de beleza física perdia feio para as demais. Tânia era quase que semelhante a Sandra, porém ao inverso. Enquanto uma era linda de rosto e feia de corpo, a outra trazia uma face horrível e um corpanzil de tirar o folego de qualquer macho.

Mas nem tudo estava perdido porque o que não tinham de beleza possuía de tesão em todos os seus buracos de fazer sexo: Cu, boca e boceta. Mas para saber como tudo isso aconteceu será necessário que lhes conte uma breve história. As igrejas evangélicas até hoje possuem um programa de integração entre jovens e adolescentes, onde eles são levados para os conhecidos e perigosos "Retiros".

Ali permanecem por alguns dias "se conhecendo". Essa prática estapafúrdia costuma trazer sérias consequências para essa juventude que já andam com seus hormônios à flor da pele, buscando só uma chance de cometer as piores loucuras sexuais que se possa imaginar. Levar esses jovens para dentro da mata e permitir que durmam juntos como se fossem marido e mulher não é nem de longe a maneira mais adequada de lhes fazer interagir.

Isso é colocar fogo perto de pólvora e o resultado é gravidez indesejada ou no mínimo receber suas filhas de buracos arregaçados no final. Não foi à toa que minhas primas viraram as piores putas do pedaço, pois meus tios permitiam que as cinco viajassem nesses tais retiros.

Local onde passavam uma semana inteira trepando com os caras. A bandalheira nesses acampamentos religiosos é tamanha que até os pastores evangélicos comem suas ovelhinhas. E esse foi o caso das minhas duas primas mais novas, foram fodidas pelo líder da igreja onde se congregavam.

Um pastor safado de quarenta e dois anos, casado. Fiquei puto da vida ao saber disso! Porra, tudo bem que elas tivessem dado a merda do rabo para outros caras da idade delas ou até mesmo pra mim, que já estava na fila à espera de uma chance de rasgar seus buraquinhos, mas deram logo pra aquele safado?

Bem, agora não adiantava ficar lamentando em cima do leite derramado, o jeito era aceitar o fato e seguir em frente. Acontece que chegou o dia delas fazer a tal viagem pro acampamento organizado pelo pastor comilão. Minha tia mandou que dessa vez eu acompanhasse as duas para evitar qualquer coisa, pois naquela idade ela achava ser um perigo deixar as meninas sozinhas no meio dos rapazes — como se àquela altura do campeonato tal atitude servisse de alguma coisa.

Meus tios babacas nem de longe desconfiavam que suas filhas adolescentes já estavam tão fodidas quanto uma jumenta, apesar da carinha de anjo eram duas putas safadas e sem o menor pudor. Mas isso é até compreensível, afinal, quais são os pais que não vivem cegos diante dos erros de seus filhos que amam mais que tudo?

Por essa razão decidi nunca amar ninguém. Eu gosto, já me apaixonei uma vez e até quebrei a cara. Mas essa de ficar cego de amor não cola, pura babaquice. Tenho um carinho muito grande por meus filhos, porém, sempre enxerguei claramente suas falhas e coloquei seus pés nos trilhos da vida, quando foi necessário

. Mesmo sendo obrigado a admitir que não fui capaz de administrar severa e ordenadamente minha própria vida, pois se assim tivesse feito não estaria preso a essa maldita cama. Meu curto tempo de vida me incitam a escrever ainda mais rápido essa obra póstuma. A mesma que com certeza será publicada após minha partida para o outro lado, onde me aguardam surpresas que sequer faço ideia de quais sejam. Eu acredito piamente na vida após a morte e na reencarnação, mas não sei ao certo se isso condiz com a verdade da vida.

Penso que sim, mas ninguém nunca voltou do outro lado para afirmar com certeza algo sobre essa ideologia espírita. O fundador dessa doutrina já morreu faz séculos e não retornou para dizer se aquilo que seus guias espirituais lhe revelaram era de fato verdadeiro. Retornou? Bem, alguns sensacionalistas afirmam que sim, porém, nunca vi o cara aparecer na mídia e admitir ser o mesmo que difundiu tal crença entre as pessoas do século passado.

Mas vamos deixar esse papo de morte para outra ocasião, pois o que importa agora é aproveitar meus últimos momentos na conclusão dessa obra em que escolhi revelar ao público a escuridão moral em que vivi por vários anos, desde minha infância até pouco tempo atrás. Fui um completo sádico, amante da depravação e viciado na imoralidade sexual.

A doença que comigo divide esse corpo me faz lembrar das muitas loucuras cometidas nestes quarenta e dois anos de sacanagem, iniciados desde os oito com minha própria irmã. Poucos caras tiveram a oportunidade de foder quase que as mulheres da família inteira como eu tive. Irmãs, primas, tias...

E, continuando: Fui na companhia de Sandra e Tânia naquele passeio dos diabos, cercado de vários outros jovens com máscaras nos rostos, fingindo uma santidade que nunca existiu. Francisco Teixeira, pastor da igreja e o comilão de minhas duas primas mais novas era quem comandava a multidão de moças e rapazes naquela viagem. O abutre nem imaginava que seu segredo estava exposto. Senti vontades de esmurrar a cara do safado, pensei em quantas outras meninas ali o pilantra já havia rasgado na pica, mas me contive. Na ocasião pude conhecer Sara, a filha dele, com dezesseis aninhos de idade. Branca, alta, rabuda e deliciosa, com um sorriso lindo e inocente me despertou a intenção de um dia enfiar minha vara na sua goela e enchê-la de gala bem quentinha.

E depois, porque não arregaçar seus buraquinhos como seu papai fez com as outras meninas? Era um caso a se pensar. As ordens de titia foram claras, minhas primas deveriam permanecer o tempo todo sob minha guarda, principalmente à noite, quando chegasse a escuridão. Após um dia inteiro de vários acontecimentos, onde nos divertimos à vontade, a rapaziada estudou a bíblia e tomamos banho no igarapé, finalmente o sol se foi e em seu lugar chegou à noite acompanhada do cansaço, quando todos fomos dormir. Chegando ao acampamento recebemos uma tenda que comportava até três pessoas. O pastor pilantra disse não ter problema se os casais de namorados dormissem juntos, ou seja, liberou geral pra galera foder à vontade.

Entretanto, naquela noite ele preferiu dormir ao lado da filha na pretensão de impedir que algum espertalhão lhe passasse a pica. É sempre assim, na hora de estrepar a filha alheia na vara eles gostam, mas entregar as suas próprias crias para outro macho arregaçar se negam terminantemente.

Mas deixasse o safado, eu já estava preparando minha vingança como um prato frio para que ele comesse mais tarde. Obedecendo as exigências de minha tia, fiquei na mesma tenda com as duas pilantrinhas de minhas primas.

Elas adoraram a ideia e mal desligamos todos os lampiões, permitindo que a escuridão envolvesse o ambiente, foram logo tirando minha bermuda e agarrando minha estaca cheia de nervos feito duas loucas. Nem sabiam o que fazer diante de tanta fartura de pica, pois meu cacete sempre foi enorme, grosso, veiúdo e com uma cabeçona bem vermelha de fazer qualquer rapariga querer enfiar na boca e mamar nela. E foi exatamente isso que as duas vagabundas fizeram. Cada uma, por sua vez, agarravam minha estaca e a engoliam inteirinha, eu a sentia varando as suas goelas.

E se perdendo no vácuo das gargantas profundas todas as vezes que faziam aquele delicioso vai e vem. As putinhas eram profissionais no que faziam, movimentando suas cabeças para frente e para trás permitiam que o cacete entrasse e saísse nas bocas gulosas, aquilo me fazia delirar de prazer.

De repente Sandra, como se perdesse o juízo, subiu em cima de mim e estrepou-se na minha madeira latejante, me senti sendo engolido por aquela boceta quente e úmida com o liquido que escorria de seu ventre. Ela rebolava na mais louca cavalgada firmada no meu mastro, enquanto Tânia, sua irmãzinha chupava minha língua num beijo malucamente erótico e sensual.

Toda aquela orgia acontecia bem ali, ao lado de outras barracas, onde se podia ouvir os gemidos feitos pelos outros casais que como nós trepavam sem parar pela madrugada. Nossa foda perdurou por horas, meu tesão sempre foi como de cavalo selvagem, durava por horas. Naquela noite o pastor perdeu a chance de arregaçar o buraquinho de suas duas ovelhas prediletas.

Pois era eu quem estava lá para ocupar o seu lugar. Elas tiveram seus cus e bocetas estraçalhadas, mas por mim e não pelo otário. Na manhã seguinte, depois de ter fodido aquelas vacas à vontade e gozado uma quantidade enorme de leite quente nas suas bocas, que beberam e ainda lamberam os beiços, nos reunimos numa mesa gigante preparada pela rapaziada logo que chegamos, para fazer nossas refeições.

O pastorzinho filho de uma égua estava visivelmente chateado por perceber que não iria ter chance com as meninas, eu marcava em cima e não dei chance de ele encostar nelas. Por outro lado, percebi que Sara, sua filha, andava me encarando e resolvi aproveitar o ensejo para me apresentar. Afinal, o objetivo de nos reunirmos naquele lugar não era para nos conhecermos?

Queria só ver a cara do pai dela ao perceber que o mesmo indivíduo que estava fodendo as duas irmãs que ele tirou o cabaço, agora rodeava sua filha e ela corria o risco de si lascar. Não deu outra. Na primeira oportunidade liberei minhas primas para ficar com o restante da rapaziada, pois não seria legal da minha parte prender as coitadas se já não tinham mais selo nas bocetas para proteger. Que fossem dá seus rabos para quem quisessem, só adverti que elas tivessem a precaução de usar camisinha na hora da foda. Me garantiram que os moleques eram espertos e não andavam despreparados.

Bem, eu fiquei na boa, pois aquela não foi a primeira nem a última vez que participaram do passeio e sabiam muito bem como se precaver contra uma possível gravidez indesejada, então me aproximei da jovem tímida que se encontrava próximo do brejo e sentada numa grande pedra, olhando o escorrer das águas cristalinas. Eram tão alvas que se tornava possível ver o nadar dos peixes, eram muitos e coloridos. O sol se encontrava escondido por detrás das arvores que formavam um círculo em redor do acampamento, era lindo o lugar. Fui chegando devagar, como se não quisesse nada além de um bom papo.

— Oi

— Olá

— Sou o Marcos. Tudo Bem?

— Tudo...Sou Sara

— Você parece ser do tipo tímida, isolada, não te vejo muito entrosada com a galera, é escolha sua ou seu pai que não deixa?

— Não, é meu jeito mesmo

— Não vejo seus irmãos por aqui, não vieram?

Ela permanece alguns segundos em silêncio, depois continua com uma resposta seca e acompanhada de um semblante apagado.

— Não tenho irmãos...

— Poxa, sinto muito

— E você, veio com suas irmãs? Nunca te vi antes por aqui, nem na nossa igreja

— Não, elas são minhas primas. Já visitei sua igreja, mas não a vi por lá

— É que as vezes não vou aos cultos, fico em casa

— Mas o pastor é seu pai, ele não reclama?

— Só as vezes...

Ela respondia minhas indagações sempre perdida na sua enorme timidez, riscando a areia nas margens do riacho com um galho seco caído da arvore que nos encobria com sua sombra

— Posso te pedir uma coisa?

Um silêncio tomou conta da conversa e por alguns segundos só o que podemos ouvir foi o cantar dos pássaros que brincavam nas arvores e nos seus galhos espalhados acima de nossas cabeças, ao longe o som das brincadeiras dos outros jovens.

— Tá, pode pedi...

— Olha pra mim, enquanto conversamos

Roxa pela imensa timidez dá um leve sorriso e eleva seu lindo olhar para mim.

— Tá bom...

— Quero te fazer uma proposta

— Tá, faz...

— Vamos nos encontrar na pracinha perto da igreja amanhã à noite, quero bater um papo com você

De repente ela fica vermelha e me encara com uma seriedade de meter medo.

— Olhe aqui, me respeite, viu?

— Minha nossa, menina, o que falei de errado?

— Não sou sua namorada para que venha marcar encontro comigo na praça!

Depois de me esculachar saiu dali com o diabo nos couros e durante o restante do tempo que permanecemos ali não me deu mais papo.

Fugia sempre da minha presença. Juro que fiquei todo desconcertado, confuso e sem entender porra nenhuma daquilo que estava acontecendo no caralho daquele passeio. Finalmente acabou a droga daquela viagem e retornamos para casa, devolvi minhas duas primas todas galadas para minha tia, pois fodemos os cinco dias que passamos no acampamento e fiquei meio atônito o restante da semana sem compreender o que levou aquela virgem recalcada a me dispensar.

Recalcada? Será? Nada disso, Sara era uma jovem interessante, diferente das outras vagabundas que atravessaram meu caminho. Ela poderia ter se referido a minhas primas de outra maneira, afinal, sabia que não eram minhas irmãs porque passou a noite inteira ouvindo as duas vagabundas gemendo na minha vara.

Pois a tenda onde ela e o pai estavam ficava ao lado da minha. Porém, educadamente perguntou se as meninas eram minhas irmãs. Eu me perguntava se finalmente havia chegado o momento em que conheceria uma mulher de verdade. Será que o devasso jovem que veio do interior na intenção de ensinar as mulheres da capital a foder acabou conhecendo uma adolescente que lhe fez entender que nem toda mulher é uma vagabunda? Juro que não sabia a resposta para tal indagação, mas me encontrava curioso em saber, pois algo de estranho aconteceu na minha vida.

E durante todos os dias que se passaram depois daquela conversa que tive com a filha do pastor eu não conseguia esquecê-la. Ela era diferente, iluminada, pura, totalmente inversa a todas as outras mulheres com quem me relacionei antes. Já estava cansado de me relacionar com vagabundas que só pensam em trepar no pau mais grosso e tesudo que possam encontrar, agora havia conhecido uma moça descente que exigia respeito até para um simples encontro, uma conversa no banco da praça.

No decorrer dos dias que se passaram depois do passeio fodi as primas, bati papo com os novos amigos que conquistei no colégio e li os livros de meus autores prediletos, porém não conseguia esquecer aquela que enfeitiçou meu coração.

Não se tratava apenas de sua beleza física, apesar de admitir que esse detalhe é imensamente importante para mim, mas devido sua maneira pura de se relacionar comigo, quando durante toda a minha vida só me relacionei com mulheres vagabundas. Era um domingo comum como todos os outros e fui à igreja na companhia de minha tia e primas.

Ao sentar naquele banco e colocar toda a minha atenção no coral formado por jovens tive a impressão de que algo de especial iria me acontecer naquela noite e, quando vi Sara se assentar meio aos outros jovens muito me alegrei, pois era a oportunidade que precisava para lhe mostrar toda a minha admiração.

A verdade é que aquela mulher me contagiou de tal forma com seu jeito de ser que eu não conseguia mais tirá-la do meu pensamento, era uma nova forma de paixão, um feitiço que contagiou meu coração, me escravizou por completo. Porém, ali na igreja não seria possível lhe falar, fora dali era completamente impossível ter acesso a sua atenção...

Então, o que eu poderia fazer? Quando um macho igual a mim percebe que está completamente apaixonado, como agir? Me encontrava totalmente perdido, somente de uma coisa tinha absoluta certeza, amava aquela mulher de toda a força do meu coração.

O que me impressionou foi aquela enorme simplicidade demonstrada durante todo o tempo em que estivemos a conversar, ela parecia possuir uma pureza tão grande que acabei por me sentir completamente imundo na sua presença. Após viver toda minha vida me relacionando com os piores tipos de mulheres, tive a chance de conhecer uma entre poucas que parecia não está contaminada com o mal da imoralidade.

Sim, porque a imoralidade sexual é uma semente do maligno que nos tem escravizado terrivelmente no mais profundo de nosso ser. Mas aquela menina que acabava de ter o prazer em conhecer naquele passeio era diferente, nela não existia qualquer resquício de maldade nas suas palavras, nem no seu modo de ser e agir. Se a proposta que fiz tivesse sido para qualquer outra das que conheci antes teria sido aceito de imediato.

Aliás, aquelas com quem geralmente me relacionava sequer perderiam tempo indo a um encontro no banco da praça, escolheriam partir logo pros finalmentes, não passam de umas vagabundas! A maior dificuldade não iria ser dobrar o futuro sogro para me aceitar na família como namorado de sua filha, mas dela mesma se interessar por mim depois que tivesse consciência do tipo de homem safado que eu era.

Alguém aí acredita no verdadeiro amor e no fato de que ele pode transformar até um sádico como eu numa pessoa do bem? Pois saibam que nem mesmo eu acreditava nisso, pelo menos até àquele dia, quando conversei pela primeira vez com aquela garota às margens do igarapé.

Nos dias seguintes, após vê-la pela última vez a cantando no coral da igreja, não conseguia tirá-la do meu pensamento. Minhas primas continuaram a dar bobeira e viviam me convidando para trepar, mas por incrível que pareça esfriei e perdi o tesão para praticar sacanagens com quem quer que seja, parecia ter tomado um banho de água fria.

Não parava de indagar a mim mesmo o que poderia ter me acontecido, que negócio era aquele de negar fogo e dispensar a oportunidade de enfiar minha espada nos buracos gulosos de minhas primas? Teria com tão pouca idade pendurado as chuteiras? Não, era o efeito anestesiante da paixão.

Em fim o cupido me flechou, fui fisgado pelo amor e começaram as transformações. O tempo de minhas imoralidades estavam contados, a luz de Sara começaria a iluminar as abomináveis trevas que durante anos prevaleceram dentro de mim. Era angustiante não ser capaz de conquistar seu coração e sua indiferença machucava o mais profundo de minha alma. Acostumado a conquistar as mulheres num estalar de dedos não poderia me conformar.

Nem aceitar em tomar aquele fora logo de uma adolescente sem lá muita experiência na cama. Ela não me deu a menor atenção ao nos reencontramos na igreja, passou do meu lado completamente indiferente à minha presença.

Talvez tenha sido por causa desse desprezo que passei a lhe dá mais valor, não era uma moça fácil demais de conquistar como as outras que conheci antes, soube se valorizar. Na realidade, isso essa era o tipo de mulher que eu vivia procurando, estava cansado de só conhecer farinhas de feira, todas putas e sem caráter moral.

Mudei da água pro vinho e os amigos na escola estranharam, já não queria mais andar na companhia deles, parei de dar papo às garotas e por várias vezes fui surpreendido com a cabeça nas nuvens durante as aulas. Em casa, as primas indagavam o que havia me acontecido, pois desde que retornamos do passeio apaguei quase que por completo.

Sempre fui um jovem comunicativo, expressivo de maneira quase que exagerada e me encontrava espantosamente mudo. Não sabia o que responder, ficou complicado explicar a quem interrogava o que realmente estaria sentindo no peito. As vezes achei que se continuasse naquela situação acabaria por explodir, então decidi me abrir com Antônio, meu novo e melhor amigo que conheci no colégio, com ele eu não me sentia travado e conseguiria desabafar.

— ... E foi isso que me aconteceu, meu amigo. Estou totalmente preso a esse sentimento estranho que nunca senti antes, é uma coisa horrível!

— Isso que você chama de "estranho" é denominado de "amor ou paixão", Marcos, seja bem-vindo ao grupo dos novos apaixonados

— Minha nossa, jamais imaginei ser dominado por tal coisa. Sempre considerei a paixão uma tolice e o amor coisa de gente fraca, pois entendia que esses dois sentimentos cegam quem a eles se entregam

— Pare disso, rapaz, quem nunca amou não sabe dá valor às outras pessoas nem a si mesmo. Esse tipo de pessoa vive neste mundo de olhos vendados e com isso ficam impedidos de ver o lado colorido da vida

— E você, por acaso, já se apaixonou para compreender tanto assim dessas coisas?

— Sou bem mais experiente do que possa parecer, já sofri muito no campo amoroso

— Sério?

— Pode apostar, qualquer hora dessas te falo sobre minhas decepções

Nosso papo encerrou ali, era intervalo do recreio e teríamos logo em seguida uma aula de inglês. Preferia que ao invés de ensinar língua estrangeira o professor me mostrasse como compreender a fala do amor, para saber como dizer a ela o quanto a amava. É interessante como os apaixonados ficam tímidos, completamente enrolados e não sabem como expressar o que sente a quem quer se entregar. A dúvida que martelava na minha cabeça era de como fazer para ficar a sós novamente com aquela menina linda que com seu jeitinho meigo prendeu.

Será que teria de esperar o próximo período de férias para voltar naquele acampamento e lá lhe declarar tudo o que sentia? Pois se assim fosse seria necessário esperar mais de cinco meses, uma eternidade. Mas, quando o destino escreve um capítulo na história e nele determina que duas pessoas se amem, certamente fará com que possam ficar juntos no final.

Capítulo 4: A Decepção

Naquele sábado meu tio decidiu levar toda a família ao Zoo Botânico para apreciar os animais e a fauna do lugar. Surpreendentemente fiquei animado com a ideia mesmo com um histórico anterior de detestar esse tipo de lazer, e partimos tão logo amanheceu o dia seguinte.

Ao chegarmos lá sai a conhecer o lugar, sozinho, me distanciando dos familiares. Para minha surpresa, adivinhem com quem dei de cara? Isso mesmo, Sara andava vagando pelas estreitas trilhas do jardim botânico, apreciando cada detalhe com grande admiração. Inicialmente pensei em correr ao seu encontro e lhe falar de meus sentimentos, implorar por sua atenção, mas algo dentro de mim travou minhas pernas e não pude realizar aquela façanha.

Foi providência divina, pois ainda não era a hora de me expor. Bastaram apenas alguns segundos e logo vi que ela não estava completamente livre como pensei, um carinha se aproxima dela com dois sorvetes nas mãos e, depois de um beijo meloso, saíram de mãos dadas. Então pensei: Porra, demorei demais para me declarar e outro tomou minha frente. Mas ela me pareceu tão tímida, diferente das outras meninas, nem deu pra notar nela interesse em namorar.

E porque ficou brava comigo somente pelo fato de eu ter lhe proposto um encontro? Era apenas para nos conhecermos melhor, teria sido por causa do compromisso que já tinha com o rapaz que se sentiu ofendida? Se assim fosse, não bastava ser direta e falar que já tinha outro e que não seria prudente ser vista de papo comigo? Certamente eu entenderia! Ou eu teria de fato cometido o erro de elogiar sua integridade, pureza e decência, quando na realidade ela nunca foi diferente das outras que conheci anteriormente?

Isso não podia está acontecendo, como me enganei! Fiquei de longe, observando o amasso que ele dava na desgraçada que arrebentou meu coração. Aquela cena fez eu me sentir um verdadeiro trouxa, um otário! Ele a levou para uma parte mais distante e a encostou numa das arvores centenárias, de caules grossos e suas raízes profundas. Como ficava bem longe de onde as pessoas costumavam circular, passou a beijá-la, apertando a safada no tronco da planta e metia suas mãos debaixo de sua blusa.

Descaradamente ela permitia que ele amassasse seus seios durinhos e ela abriu o feche da calça do malandro, colocou seu pênis para fora e batia uma punheta nele. Depois de se excitarem mutuamente ela se agachou, pegou o cacete do sortudo e enfiou inteiro na boca. Como foi doloroso pra mim presenciar tudo aquilo, a mulher que pela primeira vez amoleceu meu coração ao ponto de transformar minha maneira errada de ser não passava de outra cretina qualquer, como todas as outras. Fiquei pasmo ao presenciar aquilo como se fosse a primeira vez que via uma puta engolindo o pau de um macho, mas não era nada disso, ocorreu que jamais iria imaginar que Sara fosse capaz de tamanha sacanagem, parecia ser alguém iluminada de uma decência inigualável.

Retornei para junto dos familiares decepcionado, dá de cara com uma cena daquelas foi demais pra mim. Tentei disfarçar o constrangimento diante das meninas, mas não deu, ficou transparente demais que algo estava me incomodando e Altina tomou a dianteira para vir indagar o porquê da insatisfação. Lógico que dei mil desculpas, não iria querer que ela espalhasse pro mundo inteiro que a filha do pastor estava chupando a vara do namorado dentro da mata, seria o fim para o ministério pastoral do canalha que fodeu minhas duas primas menores de uma só vez.

Aliás, essa seria uma ótima vingança que eu poderia aplicar sobre pai e filha, mas o que receberia de recompensa por destruir a reputação daqueles dois pilantras, o castigo divino? Sim, porque colhemos o que plantamos. Não, melhor mesmo seria deixar tudo aquilo pra lá, seguir em frente e tentar esquecer que por alguns dias imaginei ter finalmente conhecido uma mulher decente.

Depois daquele episódio me fechei ainda mais para a ideologia dos idiotas em acreditar que possa existir dignidade nas pessoas, principalmente se tratando das mulheres. Sempre às vi como responsáveis pela nossa desgraça nesse mundo e sua utilidade, ao meu ver, não ia além de servir como depósito de esperma. Por um pequeno espaço de tempo comecei a acreditar ser isso um engano, ter finalmente encontrado uma delas que prestasse, mudaria meus conceitos sobre o sexo oposto, mas descobri da forma mais vergonhosa está enganado.

Danem-se! Se de fato são mesmo umas cadelas no cio, que sejam! Afinal, não dependo delas para ser feliz, existem muitas outras maneiras de encontrar a verdadeira felicidade e as buscaria incansavelmente. A primeira delas seria concluir os estudos, me formar numa determinada área profissional e conquistar minha independência financeira. O Próximo passo agora era me firmar na vida.

Após a imensa decepção vivida com Sara segui em frente desacreditando ainda mais na mulherada e decidido a nunca mais cair em semelhante engano, a rotina era a mesma, ir à escola e namorar as meninas que geralmente se interessavam por mim, em seguida voltar para casa e foder as primas, cada uma delas no dia e na hora programada. Como querer vida melhor?

Se na minha concepção todas as mulheres não passavam de um lixo, pra que respeitá-las? Passei a chafurdar mais e mais bocetas e cus vida à fora sem me preocupar com os sentimentos daquelas vacas. Aconteceu que minha amizade com Antônio, o cara que conheci na escola foi aumentando ao ponto de nos tornarmos bem próximos.

Capítulo 5: A Irmã de Um Amigo

Fui passar o primeiro final de semana na casa dele e conheci suas quatro irmãs, que eram uma delícia. Márcia, a mais velha, tinha os olhos azuis, branquinha, cabelos longos e encaracolados. Desde que nos vimos ela grudou o olhar em mim e bastava me ver chegar que corria para o quarto e se pintava toda só para chamar a atenção.

Ela não passava de uma adolescente com catorze anos, mas era do tipo crescida que dá a impressão de ter mais idade. De cara meu novo amigo foi logo me avisando que ninguém tocava nas irmãs dele e que se eu quisesse manter a amizade que andasse na linha. Bem, pensei, não tem porque não concordar, mas com certeza irei encontrar uma maneira de rasgar esses buraquinhos na pica.

Sabia que Marcia por ser muito jovem ainda possuía intacta a sua virgindade e não perderia a chance de tirar mais aquele cabacinho. Portanto, jurei pro cara que jamais faltaria o respeito com suas manas, mas fui me aproximando cada vez mais de todas elas e em pouco tempo éramos um grande grupo de amigos. Por me comportar imensamente bem, Dona Joana, a mãe deles, passou a me dar maior liberdade e até permitiu que suas filhas fossem comigo ao cinema.

Mas com a condição de Antônio ir junto. Sem problemas, aceitei a imposição da coroa, o importante seria poder ficar no escurinho do cinema com Márcia. Meu amigo levou junto Ivonete, uma de suas muitas namoradas, e isso facilitou muito minha vida naquela ocasião.

Enquanto eles se amassavam noutra parte da sala de cinema e as outras meninas estavam distraídas com os olhos pregados na telinha eu e Marcia aproveitávamos para nos beijarmos. Nós escolhemos estrategicamente sentarmos nas cadeiras localizadas no canto, junto a parede, onde certamente pouco seríamos notados.

Assim, foi fácil dar uns apertos na moleca. Sim, eu sei que se fosse hoje em dia o que fiz seria chamado de "pedofilia", afinal, nessa altura do campeonato eu já tinha chegado aos dezenove anos e ela possuía apenas catorze, apesar do tamanho. Mas a verdade é que naqueles tempos não existia essa frescura de um adulto não poder curtir com uma menor, era tudo maravilhosamente liberado.

Marcia usava naquela ocasião uma mini saia daquelas bem curtas e sensuais. Mesmo com a mãe e o irmão ciumento, pegando no pé, ela conseguia fazer essas façanhas de usar roupas extravagantes. Foi ótimo se vestir assim, pois facilitou demais meu ataque. Até parecia querer mesmo que eu avançasse o sinal.

Como nunca fui do tipo tapado compreendi imediatamente o que a garota estava me pedindo. Aproveitando o escurinho do cinema beijei sua boca e enquanto chupava sua língua enfiei a mão por debaixo da saia, encontrando um pacote enorme de boceta bem quentinha por lá, louco para ser tocado. Afastei a calcinha pro lado e passei a meter a ponta do dedo indicador no buraquinho para ver o estado em que se encontrava a xana da menina.

Depois de me certificar que ainda não tinha sido usado, pois encontrei dificuldade ao tentar penetrar e ela gemeu quando forcei a entrada, então fiquei só alisando seu grelinho. A guria ficou nas nuvens enquanto eu masturbava sua bocetinha carnuda, que chorava direto e melou tudo de gala, da calcinha a cadeira onde se encontrava sentada.

Essa é uma das grandes diferenças existentes entre uma mulher branca e outra de pele escura. As vaginas das brancas melam mais que das negras e morenas. Bastou que eu tocasse com o dedo na boceta de Marcia e ela se desmanchou em gozo e isso na hora da transa é horrível, porque nos leva rápido ao orgasmo.

Ao findar a seção saímos dali e fomos todos a uma pizzaria, ela estava o tempo todo incomodada, pois sua calcinha molhou. Vexada para ir embora começou a mentir pro irmão de não está se sentindo bem e com isso retornamos para casa. Após tomar um banho e limpar aquela meleca toda ficou novamente no ponto. Veio para a sala, onde passamos a conversar.

Dona Joana e o restante da família parecia perceber nosso lance. Eles viam em Marcia um forte interesse por mim e por essa razão fui chamado para dar algumas explicações. A coroa me deu uma forte prensa e perguntou qual eram as minhas intenções com sua filha, pois ela ainda não havia sequer chegado direito a adolescência e eu um adulto.

Bem, poderia ter caído fora e dado a desculpa de tudo não passar de uma boa e grande amizade, mas a poucas horas atrás havia passado a mão naquele pacote imenso de boceta e fiquei danado de vontade em comê-lo. Então me disse ter interesse em namorar a pequena.

Me lasquei, pois com isso assumi um compromisso sério com a linda menina de olhos azuis. Passamos a namorar oficialmente sob a intensa vigilância de meu amigo que não se cansava de me advertir para não aprontar nada de errado. Mas, como não errar diante de um monumento daquele? Em pouco menos de quatro meses de namoro eu já tinha empreendido fuga do olhar vigilante de Antônio e levado Marcia para um motel.

Aproveitamos o horário de aula dela e fomos foder pela primeira vez num cantinho bem luxuoso e distante do bairro onde ela morava na intenção de não sermos vistos por algum dedo duro. Chegando ali pedi que ela fizesse um streep para mim e ao som de uma música ela foi tirando peça por peça de suas roupas, se despindo em câmera lenta bem diante de meus olhos.

A safadinha, apesar de muito nova, já trazia no sangue a putaria própria das mulheres e não teve a menor vergonha de ficar peladinha na minha frente. Sua bocetinha lisa, sem nenhum pelo, fez meus olhos brilharem e meu cacete quase rasgar a cueca tamanha a excitação. Ela sorria enquanto se descascava.

Joguei a putinha na cama, abri bem suas pernas e cai de boca naquele monte de carne delicioso, chupando seu grelinho avermelhado, lambendo o buraquinho selado que em alguns minutos iria arregaçar com minha vara grossa, enorme e tesuda. Enquanto dava-lhe aquele trato com minha língua ferina ela gemia baixinho, com uma sensualidade nunca vista.

Como de costume, após deixar a gata bem excitada passei para cima dela e enfiei a cabeça do mastro na sua boca e a fiz chupar a cabeça da minha cobra. Antes, porém, ao ver aquele pau gigante indo na sua direção ficou assustada e arregalou os olhos amedrontada em perceber o que teria de engoli.

E depois ser rasgada nos seus buraquinhos. Mas nem teve muito tempo para manter o susto e fui logo metendo tudo na sua goela. Nunca havia chupado uma pica e se entalou, mas com jeitinho fui ensinando e em poucos minutos ela já conseguiu relaxar a garganta, deixando passar minha cobra gigante. Comecei a movimentar para dentro e para fora, num vai e vem gostoso, seus olhos permaneceram arregalados, olhando fixamente para mim, enquanto eu rasgava sua primeira virgindade encontrada em sua boca.

Em seguida, lhe posicionei na lateral da cama e abrir novamente suas pernas, mas dessa vez não iria chupar sua boceta e sim romper o buraquinho de sua xana. Comecei a empurrar o mastro naquele apertado espaço, Marcia se contorcia ao sentir aquela cobra imensa invadindo o pequeno orifício localizado logo abaixo do seu pinguelo que naquela altura da situação estava tão rígido de tesão quanto minha vara.

Com um esforço descomunal senti algo se rasgando e a ponta da minha vara encontrando mais espaço a cada nova estacada. Ela continuou a dar seus gemidos sex e isso me deixava ainda mais excitado. Por fim, o caralho foi totalmente metido no buraco que acabou de estraçalhar, deitei sobre seus seios grandes e carnudos, beijando-lhe a boca e engolindo sua língua macia, enquanto lhe socava a pica até bater no fim do túnel.

Marcia possuía seu útero baixo e a boceta era rasa, cabendo apenas um pouco mais da metade do meu pau. Foi a primeira vez que me deparei com aquele tipo de situação, antes todas as mulheres com quem fodi eram gulosas e meu cassete entrava até o tronco, na verdade elas continuavam querendo mais pica nos seus buracos de profundidade quase infinita.

Agora ali estava eu, dando de cara com um buraco raso que não cabia minha vara por inteira, pior é que não adiantou querer forçar a barra, pois a coitada quase morreu de dor. Mas sem essa de desistir, continuamos a trepar assim mesmo. Outra coisa interessante nela foi a rapidez com que gozou na minha pomba, em poucos minutos que eu a coloquei por cima enlouqueceu de prazer, me beijou, me mordeu e se desmanchou toda num orgasmo delirante.

Já tinha ouvido falar desse tipo de mulher através de meus amigos, mas foi a primeira vez que fui pra cama com uma delas. Como me disse certo colega, essas são as mais gostosas. Para nós, homens, não há nada mais chato do que uma mulher cujo prazer demora a surgir durante o ato sexual e com isso dificilmente gozam.

Aquelas mais experientes que já sabem disso até fingem ter orgasmos para satisfazer seus parceiros, pois é isso que nos faz se sentir mais machos. Quando fodemos e nossas companheiras não caem de prazer é como se fossemos uns fracos na transa e nos sentimos uns merdas. Vi em minha nova namorada as características mais marcantes que um cara como eu, tarado e insaciável, poderia querer ter encontrado.

Enquanto a transa acontecia ela gozava várias vezes e eu apenas uma ou duas, para mim aquilo era algo sensacional de se ver. E o mais interessante naquela menina foi que ela possuía aquela característica única, existente nas melhores mulheres: Tesão no rabo.Ela sentia medo de levar pau no cuzinho porque uma amiga sua, com quem dividia seus segredos e falavam de vários assuntos, inclusive sobre sexo, disse que deu o rabo pro namorado e quase se lasca de dor, que esse tipo de transa não dava prazer e machucava por demais. Com essa boba ideia na cabeça resistiu bastante a meus pedidos para liberar o buraquinho traseiro.

Entretanto, após muita conversa e já tendo feito de tudo comigo na cama, inclusive beber minha gala diversas vezes, no que acabou se viciando, ela decidiu me permitir tentar uma vez, mas foi logo avisando que se não gostasse iria desistir. Pronto, bastou isso. Eu entendo que no fundo toda mulher gostará de dá seu cu, mesmo admitindo que somente poucas sentirão prazer. O que ocorre é que os caras são muito grosseiros na hora de penetrar seus buraquinhos, eles esquecem que se trata de uma parte do corpo muito sensível e sem lubrificação natural, como ocorre na boceta.

Para rasgar o cu duma gata devemos antes prepara-la psicologicamente, lhe expondo que não precisa doer, que somos experientes no que vamos fazer e elas não precisam se preocupar, dessa maneira irão se entregar mais tranquilas e seguras de que não iremos machucá-las.

Nós devemos usar o melhor lubrificante que existir afim de proporcionar a nossas parceiras a maior tranquilidade possível na hora da invasão de seu buraquinho apertado. Um grupo farmacêutico da época lançou um anestesiante bucal muito usado pelos médicos nas extrações dentárias e qualquer pessoa podia ter acesso do produto.

Se vendia mesmo sem receita médica, nas farmácias. Ciente dessa informação adquiri um com a maior facilidade e experimentei primeiro no rabo de uma das primas, a mais novinha, afim de ver se a porra do remédio funcionaria como previa, pois devido meu pau ser grosso além da conta sempre que comia seu traseiro ela gemia demais. Sim, depois de uns dez segundos da aplicação enfiei minha manjuba no buraco da vagabunda e ela disse que tinha anestesiado, não sentiu dor alguma.

O legal do medicamento é que ele anestesiava o local, mas perdia o efeito depois de alguns minutos, ou seja, o cacete entrava e depois tudo voltaria ao normal, aí a cadela passaria a sentir a vara lhe comendo por trás. Numa tarde de quinta-feira voltamos ao motel onde frequentemente fodíamos e lá coloquei em prática toda a minha técnica em esfolar um cu feminino.

Depois de trepar na boceta e socar forte na sua garganta, o que ela passou a adorar, deitei a safadinha na lateral da cama, de pernas colocadas para cima e seus pés descansando nos meus ombros. Posicionei dois travesseiros debaixo de seus quadris e deixe sua bunda bem erguida. Joguei vários jatos do tal produto, que era em forma de splay, no seu buraquinho e na cabeça da pomba, esperei uns segundos e comecei o trabalho de perfuração.

A maioria dos caras mais inexperientes iriam colocá-la de quatro, pois é a posição mais comum para se foder uma bunda, mas é um tremendo erro posicionar uma mulher assim logo no início dessa prática, pois elas se sentem como uma cadela. Quem me disse isso foi Graça, quando vivemos aquela gostosa experiência no início da minha juventude e eu nunca mais esqueci desse aprendizado. Ela mesma não topou dá o cu pra mim desse jeito, fizemos de frente, olhando um pra cara do outro.

Pelo fato dos seus parceiros tratá-las com o mesmo desrespeito com que tratam as prostitutas nos puteiros é que grande parte das mulheres não aceitam liberar seus buraquinhos traseiros numa transa, se bem que as vezes elas até já foderam assim com outros namorados, mas se chegarmos junto de forma rude elas nos negam essa parte de seus corpos para nos dizer "Ei cara, mais respeito!". Logo após alguns segundo e ciente de que a entrada já estava anestesiada encostei no buraco minha pistola e fui metendo bem lentamente.

Sempre pedindo que ela não tivesse medo e relaxasse para facilitar a penetração. Com confiança no seu parceiro e na experiência que disse ter, Marcia foi se deixando levar, relaxou e a vara foi entrando, olhando em seus olhos não via nenhum sintoma de dor ou desconforto, então empurrei cada vez mais.

Em alguns minutos o cassete de vinte centímetros e meio, pois cresceu bastante com a maioridade, rompeu o selo daquele cu gostoso e me senti dentro dela. Como de praxe, logo o efeito passou e começamos a sentir um ao outro num vai e vem gostoso e cheio de prazer. Aí foi que veio a grande surpresa, pois minha parceira começou a enlouquecer a cada estocada que eu dava no seu rabo, grunhindo feito uma cadela no cio. Nossa, pensei, será que essa cachorra tem tesão na bunda? Claro que sim, se não fosse assim porque estaria rebolando na cama feito uma lagarta na areia quente?

Mandei que ela ficasse de quatro, iria foder seu buraquinho como se eu fosse um cão raivoso e ela uma cachorra escrota, falei isso ao beijar sua boca e ela adorou a ideia. As mulheres são assim, podem ser as mais certinhas e moralistas, se o cara chegar de primeira pedindo isso ou aquilo, impondo suas próprias vontades ou lhes reduzindo a condição de uma vagabunda elas explodem.

Mas, se isso for feito após estarem estrepadas numa rola e ardendo de desejo aceitam tudo. Posicionada de joelhos na cama e de costas para mim, com a cabeça encostada no colchão e aquele traseiro enorme arreganhado pra mim, dei umas chupadas na entrada e depois meti a manjuba no buraco que agora estava rasgadinho e fácil de penetrar. Socava violentamente e ela dava seus gemidos, rebolando sem parar. Amou a nova maneira de dá o cu e implorava que eu metesse minha lança até o talo.

Fui mais selvagem com ela do que com as outras meninas que fodi no decorrer de toda minha vida como ródigo, lhe fiz sentir toda a fúria sexual existente no meu mastro e me deliciava ouvindo seus grunhidos e reclamações, me excitava quando ela dizia que eu iria destroçá-la com a pica. Impressionante é que da mesma maneira que o lençol ficou manchado de vermelho pelo sangue saído de sua vagina, no dia que lhe tirei o selo, assim mesmo ocorreu ao rasgar seu cuzinho virgem. Nunca antes vi isso acontecer aquilo e olhem que arregacei vários cus na vida. Realmente Marcia era diferente e especial.

Pronto, agora minha cadelinha estava pronta para assumir seu papel de rapariga safada, daquele dia em diante não paramos mais de foder sempre que tínhamos chance. Eu ainda não trabalhava, estava fazendo um curso técnico e era ela quem pedia dinheiro ao pai para podermos ir ao motel trepar. Claro que aplicava aquela tremenda mentira no velho para conseguir a grana.

Como passei a sair de casa com frequência as primas se encheram de ciúmes e fizeram a cabeça de minha tia contra mim, fui encostado na parede e recebi o ultimato de voltar a me comportar como antes ou seria mandado de volta para a casa de meus pais.

Caramba, isso seria terrível para mim, pois não podia me distanciar de Marcia, não iria conseguir ficar distante dela, então me vi num enorme impasse. A saída foi revelar tudo a minha gostosa e lhe pedir uma opinião do que fazer, devido sua pouca maturidade a resposta foi mais que óbvia, propôs que nos casássemos, mas nem pensar, isso não fazia parte de meus planos. E como resolver esse impasse nas nossas vidas? Simples, sai à procura de trabalho. Com meu segundo grau concluído e quase terminando um curso técnico ficou fácil me empregar, em poucos dias me tornei um vendedor numa loja de peças eletrônicas.

Com emprego garantido me despedi de meus tios, após agradecer pelos tempos que me permitiram morar com eles, e aluguei um quartinho num prédio no mesmo bairro onde minha namorada morava. Assim resolvi de completo a situação e ainda de ganho pudemos foder à vontade sem ter que gastar com taxi e motéis.

Ainda aliviei a pequena de ter que viver pedindo dinheiro pro pai. Comprei todas as mobílias que precisava, uma cama moderna e fofinha, tudo como mandava a regra de um solteirão. No seu aniversário de quinze anos que ocorreu no mês de Dezembro daquele mesmo ano me foi possível lhe dá um ótimo presente, a bicicleta de seus sonhos.

Abandonei a putaria com outras mulheres e me dediquei somente a ela, não que acreditasse ser Marcia diferente das outras molecas com quem fodia, afinal, fazíamos juntos as mesmas sacanagens. Mas porque estávamos namorando sério, com a permissão de seus pais e tudo mais. Além do que tive a honra de ser o primeiro macho a rasgar seus buraquinhos, precisava fazer as coisas direitinho. Porém, se ela vacilasse e fodesse com outro eu sairia fora. Nosso relacionamento durou longos meses.

Durante todo esse tempo fomos mais que suficiente para nos completar em todos os sentidos. Adorávamos nossos beijos e abraços, nossas conversas, nossas transas, nosso cheiro...Tudo era perfeito entre nós. Mas certo dia ocorreu que enquanto eu fodia o rabinho de Marcia percebi algo estranho acontecendo comigo. Eu gosto muito de enfiar a pica numa mulher na posição "frango assado", aquela em que ela fica deitada de frente pra mim, mantendo suas duas pernas abertas e pro alto, com os pés sobre meus ombros.

Ocorreu que ao ficar olhando para meu cassete entrando e saindo nos seus dois buracos eu fiquei excitado tanto na pica quanto na bunda, ou seja, percebi meu buraquinho de trás latejando. Mas que diabos seria aquilo, refleti, por acaso de tanto foder o traseiro das mulheres acabei me transformando num gay?

Que negócio era aquele de olhar meu pau entrando num cu e ficar de rodela piscando? Na década de oitenta nem se pensava em possuir celulares, internet e a facilidade que se tem hoje de assistir vídeos pornô na palma da mão. Nem leitores de DVD existiam, era na fita mesmo.

Passeia assistir filmes de foda anal para ver se sentiria a mesma coisa observando outros casais, e senti. Fiquei preocupado, porque ao mesmo tempo em que a pica endurecia o cu latejava. Então, cheio de dúvidas, comprei um filme onde dois machos se fodiam para descobrir se iria me excitar e latejar o buraco vendo aquilo. E aconteceu.

Bateu o desespero ao ter a plena certeza de que o tesão do pau virou ao contrário, agora ia querer dá o rabo pros outros machos ao invés de pegar o das mulheres? Pensei em conversar com Marcia, mas me amedrontei ao imaginar qual seria sua reação e o que pensaria de mim àquela altura dos acontecimentos. No mínimo pensaria que eu sempre fui boiola e já tinha dado o caneco para outros caras, pois é sempre isso que a mulherada pensa nestes casos.

Capítulo 6: Perdendo Meu Cabaço

— Boa noite, Seu Marcos, hora da injeção de ânimo!

— Porcaria, porque será que ainda preciso tomar esses medicamentos se sei que estarei morto em pouco tempo?

— São ordens do seu médico, sou apenas sua enfermeira e cumpridora de minhas obrigações

— Observe meu estado, mulher, estou pesando menos de quarenta quilos e mal consigo falar, esse monte de remédios não estão servindo pra nada!

— Como não? Se não fosse por eles o senhor já teria morrido a muito tempo e não estaria tendo a chance de ficar aí escrevendo suas histórias

— Essa é uma obra de memórias sua tapada, onde estou lavando a roupa suja, meus leitores nunca mais vão querer comprar um só livro meu depois de lerem tudo o que estou revelando aqui nessas páginas

— Poxa, mas depois de lutar tanto para criar um bom nome diante das pessoas agora quer manchar sua reputação, homem, não faça isso!

— Às vezes a verdade precisa ser contada, minha querida, as pessoas que aprenderam a nos admirar necessitam saber a verdade.

Entender que neste mundo ninguém é completamente perfeito ao ponto de merecer ser endeusado pelos outros, sempre quis ser imortalizado pelas obras que escrevi, as histórias que criei, mas nunca transformado num ídolo para minha posteridade

— Entendo, o senhor quer que seus leitores decidam se querem continuar lhe admirando pela inteligência com que criou suas obras mesmo sabendo de suas falhas como ser humano. É isso?

— Bravo, Zenaide!

— Olhe aqui, não tão tapada como pensa, viu? Pronto, agora descanse um pouco, amanhã cedo volto com a outra dose

— Tá certo, mas pelo amor de Deus não venha de madrugada, pois vou escrever até tarde e não desejo ser incomodado antes das oito da manhã

— Deixe ser resmungão, virei na hora estipulada por seu médico. Durma mais cedo hoje e não amanhecerá tão sonolento!

— Mulher dos infernos, só pode ser castigo!

A credito que nenhuma outra experiência que tive no decorrer de toda minha existência pode ser comparada ao dia em que decidi falar a verdade para minha namorada, até hoje não esqueço suas risadas ao ouvir que eu estava sentindo tesão na bunda. Pois então, me senti obrigado a revelar tudo pra garota com quem tinha um caso sério, acreditando que ela fosse me ajudar a encontrar uma solução para o problema.

O que de fato rolou, mas antes disso paguei o maio mico. O que me fez tomar tal decisão foi o fato de pouco a pouco ter me viciado em assistir filmes gay, passei a gostar de ver um cara enfiando o pau o cu do outro, isso me excitava demais. E o pior é que ocorria uma coisa inexplicável comigo, pois eu ficava doido de tesão ao ver os cassetes enormes e grossos dos atores do filme pornô, mas só de me imaginar agarrando um macho daqueles me enojava.

Quanta confusão, passei a me excitar vendo o caralho dos caras, mas sentia nojo de um contato com outro homem. Se somente nós temos picas, como poderia ter a chance de trepar numa vara e matar aquela vontade enorme que sentia de dá meu rabo?

Foi então que passei numa locadora e aluguei várias fitas de fodas e no meio veio uma com um filme onde duas mulheres transavam, eu nunca tinha visto igual. Achei interessante a maneira como as lésbicas transam, elas usam um pau de borracha enorme para penetrar nos buracos umas das outras, vestem uma calcinha apropriada, adaptam o acessório e mandam vê.

Ao contemplar aquela foda conclui que seria a melhor forma de resolver meu problema sem ter que necessariamente ficar de quatro para outro macho, coisa que achava humilhante e ridículo de se fazer, partindo de um homem como eu acostumado comer e não a dar.

Uma noite levei minha namorada para trepar em minha casa, mas antes coloquei um vídeo das lésbicas para ela assistir comigo na desculpa de que queria criar um clima para a foda. Assim que ela começou a assistir ficou perplexa ao ver que se tratava de duas mulheres se comendo, percebi nela grande curiosidade e a cada cena ela nem piscava os olhos.

Marcia, assim como eu, se excitava em ver as duas mulheres se chupando. Tinha umas cenas onde aparecia claramente a morena chupando a boceta da loira, enfiando a língua no seu buraquinho e minha gata se arrepiou toda. Num dado momento ela se levantou, tirou a roupa e deitou-se toda aberta no sofá da sala, pedindo que eu a chupasse igual fez a atriz pornô. Ali me caiu a ficha de que ela, do mesmo jeito que eu, se excitou com outra boceta.

Passamos, ainda, quase um mês vendo aquele filme e fodendo logo em seguida, notei uma melhora enorme na sua atuação durante nossas transas. Um dia, quando decidimos fugir da rotina e fomos a um motel, antes da foda toquei no assunto sobre o filme e perguntei se as cenas de duas mulheres trepando a excitava, sua resposta foi positiva. Então logo me veio na mente uma ideia absurda, mas que se colasse tudo seria resolvido.

Será que Marcia toparia foder com outra mulher na minha frente? Se ela aceitasse eu iria lhe proporcionar a realização dessa fantasia e em troca ela comia meu cu, usando a pica de borracha igual a sapatão fez na cena do filme com sua parceira. Demorei uns dias e finalmente tive coragem de lhe fazer a proposta. A safada topou no ato, mas exigiu que queria ter a liberdade de escolher a candidata. Aliás, até sugeriu que faria o convite a uma de suas coleguinhas da escola, muito linda e gostosa. Eu concordei.

Ela me explicou que essa garota já havia se insinuado pra ela, tempos atrás, num dia em que as duas estudavam dentro de seu quarto. Mas como ela ainda era virgem sentiu medo e reagiu grosseiramente com a colega de quem se afastou. Agora iria tentar reconquistar a amizade e vê se dava para colocá-la no esquema. O acordo era que eu ficasse assistindo tudo sem querer foder a outra. Aceitei.

Depois desse acordo abri o jogo e lhe falei dos meus novos desejos, ela quis saber se eu gostaria de trepar no cassete de outro macho, mas eu reneguei a ideia, esclareci que no momento isso não fazia parte de meus planos. Não sentia tesão por outros machos, mas sim por picas e de preferência as bem grandes e grossas.

Depois de explicar tudo direitinho e deixar ela orientada sobre como me satisfazer, fodemos deliciosamente e voltamos para nossas casas. No decorrer da semana ela e a amiga se entenderam e marcamos a foda numa pousada grã-fina que ficava no centro da cidade, bem distante do local onde morávamos. Bebemos umas garrafas de cerveja, pela primeira vez nos embriagamos um pouco no objetivo de Marcia encarar sem timidez a nova modalidade de transa e eu poder me controlar e não acabar pulando em cima das duas e lhes foder.

Fernanda era demasiadamente linda, gostosa e sensual. Logo que tirou a roupa e partiu para trepar com minha namorada eu pirei de tesão. Enquanto Marcia ficava deitada e toda aberta, sua colega comia sua boceta com a boca, numa fúria estonteante. Mamava em seus seios, beijava-lhe a boca e enfiava um dos dedos no seu cu. Naquele momento Marcia parece ter esquecido que eu me fazia presente e se entregou por inteira para àquela que à possuía. Eram duas putas das mais imorais se fodendo bem na minha frente.

Num dado momento minha gata ficou de quatro e mandou que a outra lambesse e chupasse seu rabo, depois teve seu caneco invadido por uma pau de borracha tão grande e grosso que me deu pena, a cadela se retorcia de dor, mas ao mesmo tempo rebolava e se mostrou feliz da vida por estar sendo rasgada numa porra daquele diâmetro. Depois foi a vez de Fernanda sofrer no pau enorme, tanto no buraco da frente como atrás.

Presenciar tudo aquilo tornou-se uma experiência rotineira, pois desde aquela primeira vez Marcia se viciou tanto que queria sempre, cheguei até a pensar que ela não estava mais interessada em trepar comigo. O homossexualismo se divide em dois estágios. O primeiro é aquele que já vem no pacote, ou seja, a pessoa já nasce contaminado com essa deficiência moral. O segundo é uma condição adquirida, ou seja, a pessoa nasce normal, sem essa falha em seu caráter, depois é contagiado por viver na prática exagerada da imoralidade sexual.

A constante convivência com atos imorais pode conduzir um homem ou mulher a começar sentir desejos cada vez mais imorais em relação ao sexo, pois o ser humano é inclinado ao pecado desde de sua origem. Tudo aquilo que vem da escuridão tende a agradar as pessoas mais do que as que refletem a luz, que certamente revelam seus erros e segredos.

Por ter passado décadas como um escravo sexual acabei inclinando ao lado mais trevoso de meus desejos, onde meu corpo passou a querer outras práticas cada vez mais imundas. A escuridão moral que habitava dentro de mim me conduzia sempre a encontrar outras pessoas com iguais falhas morais, como Marcia, que desde bem cedo já era possuída pelas fantasias pornográficas que cresciam dentro de seu coração.

Quando observamos o que acontece com certos indivíduos que se tornaram dependentes de drogas, amantes do crime e da violência, ao investigarmos suas origens percebemos que tudo iniciou através das más amizades. Uma pessoa cujo caráter é negativo acaba induzindo outros de fracas personalidades a seguir seus mesmos exemplos se de alguma maneira estes já possuem inclinação ao mal. Eu fui dominado pelo desejo imundo do homossexualismo.

E despertei na pobre moça a mesma vontade de cometer atos insanos em relação ao sexo. Visto que uma semente maligna já tinha sido influenciada pela amiga lésbica, precisava apenas de um pequeno impulso para se atirar abismo abaixo e foi isso que eu fiz. Entretanto, ainda não teria chegado minha vez de ter meu buraquinho rasgado, somente Marcia se divertia, eu estava no caritó.

Foi assim que decidi dá uma prensa na moleca e cobrar o acordo que fizemos, afinal, a ideia era eu ajudá-la a realizar sua fantasia e ela fazer o mesmo comigo, o que não estava acontecendo. Ela admitiu a falha e concordou de irmos no final de semana a um local bem gostoso, onde iria cumprir com sua parte no acordo, ou seja, arregaçar meu cu com um cacete de borracha à minha escolha.

Naquele sábado fazia uma tarde ensolarada, quando entramos na pousada. Porém, diferente das outras vezes não seria eu a esfolar o rabinho delicioso dela e sim o oposto. Marcia seria o macho e eu me colocaria na condição de uma putinha das mais safadas. Minha namorada tinha uma mente bastante criativa e levou um baby-doll, um fio dental e batom.

Estando no luxuoso apartamento ela mandou que eu me vestisse com suas roupas e me pintou os lábios com seu batom vermelho, vesti a calcinha finíssima e senti o cordão enfiado na regada da minha bunda, aquilo me causou um arrepio na espinha que começou no cangote e desceu até o miolo da bunda.

Deitei na cama e ela veio me beijando todo, da boca ao pau, chupou ele e engoliu até o saco. Depois tirou o vestido, a calcinha e mandou eu ficar de quatro para iniciar nosso ritual. Ao ficar de traseiro pra cima ela veio por trás deu umas lambidas dentro da minha bunda, depois invadiu a entrada apertada com um cacete de dá medo.

111

Melou de um creme barato que tinha por lá e mandou ver. Como ainda era virgem eu vi estrelas ao ser enrabado por trás. Foi no fogo no prazer que aquele momento de loucura sexual estava me proporcionando que topei me fantasiar de puta e permitir que a lésbica de minha namorada me colocasse de bunda pra cima, em seguida enfiasse aquele caralho enorme, grosso feito a peste, cabeçudo que nem um tomate no meu buraquinho que nunca tinha sido fodido.

Apesar de ter lubrificado em excesso a droga saiu rasgando meu cu sem nenhuma piedade, parecendo um torpedo que sai em toda velocidade, destruindo tudo na sua frente. Foram dezenove centímetros de comprimento de pica e mais quatro de grossura sendo enfiados na droga do rabo ainda cabaço, quase reviro os olhos de tanta dor misturada com tesão e mais vontade de ser fodido.

Marcia socava o caralho no meu cuzinho sofrido e ficava falando no meu ouvido que ela era meu macho e eu era sua puta, foi uma trepada conversada, a menina soube fazer aquilo com muita propriedade. Preciso confessar que no início foi muito escroto, ardeu pra caramba, mais depois que o aperreio cessou se tornou uma delícia indescritível.

Quando eu enfiava o cacete no cu das mulheres ficava imaginando se era tão bom aquilo e as vezes pensei em experimentar, simplesmente tinha vergonha de admitir meu interesse em levar uma estacada daquelas. Por outro lado, nunca senti tesão por macho nenhum, só admirava as picas, mas os caras não me interessavam. E exatamente por causa dessa tremenda contradição nos meus pensamentos e desejos que achava impossível um dia alguém me pegar, afinal, como ia sentar em cima de uma vara dura sem um macho? Aí eu assisto aquele vídeo com as lésbicas e conheço os paus de borracha.

Caramba, problema resolvido, minha namorada poderia comer meu rabo e me dá esse estrondoso prazer. Desde então nunca mais eu quis parar de dá o cuzinho, durante quatro anos eu e Marcia ficamos juntos. Para a família nós apenas namorávamos, mas a verdade é que trepávamos sem parar, quase o tempo livre inteiro. Quando não estávamos ocupados com nossos compromissos a foda era nosso lazer. Ocorreu que o tempo foi passando e nossa relação se desgastou. Mesmo nosso relacionamento sendo do tipo aberto, eu e ela podíamos curtir com quem quiséssemos, a coisa desandou.

Ela chegou a foder com várias outras mulheres e até deu pra outros caras, não me importava. Fodemos em três, tanto ela quanto eu comemos a mesma mulher e elas tiveram seus buracos esfolados ao mesmo tempo por mim. Por vezes elas duas me enrabaram, enfiaram o cassete de borracha na minha bunda. O que eu nunca topei foi deixar um macho me comer, gelei várias vezes, apesar das insistências dela.

Mas certo dia, já após nossa separação, fui a uma festinha a convite de um novo amigo que conheci no trabalho e lá para tantas horas da madrugada nós decidimos ir embora, mas estava muito tarde, como ele morava próximo ao local onde nos encontrávamos me propôs dormir na sua casa.

Chegamos quando todos os seus familiares já dormiam fomos para seu quarto que ficava no segundo piso da enorme mansão, dava até pra se perder ao andar lá dentro. Tomamos um banho sem nenhuma cerimônia, pois éramos dois caras e é normal um homem ver o outro pelado sem o menor interesse, mas com a gente foi diferente. Ele se encantou com o tamanho da minha vara e eu com a dele, as duas ficaram excitadas de repente.

Bastou ficarmos despidos um na frente do outro. O cara era gay, mas nunca tinha levado pau. Do nada ele veio e se ajoelhou aos meus pés, pegou minha espada e começou a chupar. Parecia morto de fome, engoliu gulosamente a pica inteira. Enquanto era vítima da ânsia daquele cara eu também passei a desejar fazer nele o que fazia em mim, então fomos para a cama e lá foi minha vez de agarrar aquele pau enorme, cabeçudo, veiúdo e enfiar boca a dentro. Não sei de onde veio tanta vontade de chupar aquele caralho do tamanho e da grossura de um pepino dos grandes.

No início nós igualmente ficamos entalados ao tentar engoli nossos paus, éramos inexperientes e nossas gargantas virgens, precisávamos abrir a goela primeiro, acostumar com o processo. Decidimos não dormir naquela madrugada, queríamos a mesma coisa: Aprender a colocar uma vara gigante dentro da goela. E aprendemos, ensinei ele a foder minha boca como se fosse uma boceta e fiz o mesmo com ele.

Eu e Roberto não tivemos medo de nos entregar e fizemos tudo o que podíamos até saber qual era o nosso limite. Fodi sua boca e gozei dentro dela, vi outro cara bebendo o leite da minha mamadeira como se fosse uma das putas com quem transei antes. Então pensei, qual é o sabor de sentir o espirrar de uma gala quente dentro da boca, lá no fundo da garganta?

Estávamos ali, fodendo, era minha chance de saber. Deitei na posição que antes mandava as mulheres deitar e mandei ele socar novamente na minha boca, dessa vez com mais intensidade até gozar, eu queria sentir o jato do seu gozo espirrando bem forte na minha goela, saber o quanto deveria ser bom ou ruim. Ele atendeu e começou a socar seu mastro na minha boca, enquanto ele metia e puxava a pica eu fazia fio terra nele para excitá-lo ainda mais.

114

Em alguns minutos ele começou a ficar eufórico, minha dedada no cu do rapaz o levou à loucura e de repente senti um jato quente sendo lançado na minha garganta, era o gozo daquele puto que tanto desejei. Depois do gozo virou pro lado ofegante, mas não dei moleza, achei delicioso beber a gala que foi cuspida daquela pica gigante, me excitou, mas era minha vez de arregaçar seu buraco.

Ele ficou de quatro e eu fiz o que mais entendia, dei umas lambidas no buraquinho tarado dele e lambi bem gostoso, o safado gemia igualmente as putas que arrombei antes de querer ser arrombado. Eu já tinha levado pau no rabo antes, mesmo tendo sido de borracha e com a namorada. Ele, por sua vez, possuía seu cuzinho lacrado, virgem, e fui eu quem tive o prazer de rasgá-lo.

Agoniado, ele implorou para que eu colocasse fim ao seu sofrimento, que enfiasse de uma vez o cacete no seu rabo e lhe libertasse da maldita virgindade que tanto o sufocava, queria ser rasgado, fodido, revirado pelo avesso. Suas palavras me deixaram louco de tesão e não perdi mais tempo, lubrifiquei meu caralho e empurrei no cu daquele vadio, começando devagar e depois apertando, quando a ponta da pica passou rasgando suas pregas ele deu um gemidinho e em seguida empurrou a bunda ainda mais pra cima do pau que de tão duro varou com tudo para dentro dele.

Aberta a entrada tudo ficou mais fácil e passei a socar naquela vala minha lança rígida e imensamente grossa. O safado tinha acabado de gozar na minha boca, mas logo se recuperou e sua tara era admirável. Quanto mais eu socava nele selvagemente, mais foda no rabo ele pedia. Enquanto comia seu ânus com uma das mãos batia punheta no seu cassete, dessa maneira levei o cretino a um segundo orgasmo. Ao ejacular sobre o lençol uma quantidade enorme de gala eu pude sentir a o reto dele latejando.

Apertando meu pênis como se fosse a tal bezerra que as mulheres negras possuem. Nunca antes sentir tamanho prazer, nem mesmo com as mulheres mais gostosas. Tinha fodido e gozado na minha boca, perdeu o cabaço e com isso ejaculou uma segunda vez, mas ainda não era o fim da maratona, precisava comer meu caneco que estava piscando de tanto tesão.

Para levantar seu moral eu tive que passar a chupar sua vara até que ela acordou e ficou ereta novamente. O cara fazia tudo do jeito que eu ordenava, então fiquei de quatro e mandei que chupasse meu cu, lambesse, depois arregaçasse meu buraco sem pena, era pra fazer sangrar. Assim ele fez. As socadas daquele caralho estupidamente grande e roliço me rasgava por dentro, mas eu não reclamei porque nada podia ser mais delicioso. Ali vi a diferença entre um pau de verdade e um de borracha, o primeiro tem vida, ele lateja dentro da gente e nos faz vibrar de tesão.

Passamos mais ou menos umas quatro horas fodendo e ao terminar o dia estava claro, ainda bem que a manhã seguinte era sábado e não iríamos trabalhar. O diabo foi conseguir sair da casa sem que fosse visto. Já pensou minha cara se fosse pego pela família dele cientes de que dormimos juntos? Seria o cúmulo da vergonha! Se é que depois de viver tal coisa ainda possuía caráter.

Ainda voltamos a trepar no pau um do outro dezenas de vezes, mas nos motéis. Depois, com o passar do tempo, ele foi embora com a família para outro Estado, se tornou um grande empresário e nunca mais tivemos contato. A última vez que o vi foi no lançamento de meu primeiro Best Seller, quando ganhei o mais importante prêmio literário do país. Como fiquei sozinho e sem direção, pois perdi completamente o desejo pelas mulheres, passei um bom tempo em companhia da solidão, até que conheci

Eduardo, minha pior desgraça. Eu acreditei ter encontrado minha alma gêmea, o cara com quem iria ser feliz pra sempre e me entreguei a ele dos pés à cabeça. Porém, mais tarde descobri que sua aparição na minha vida foi um castigo. Acho que por ter vivido nesse mundo praticando as coisas mais imorais e vergonhosas que se possa imaginar, o homem lá em cima encurtou meu tempo de vida e ordenou ao Diabo para que viesse me punir. Minha nova paixão foi um cara que apesar de sua extrema beleza trazia no seu sangue um veneno mortal para encomendar minha alma direto para o inferno. Mas isso explicarei no capítulo seguinte.

Quando nascemos, crescemos e permanecemos nas trevas espirituais e morais pouco compreendemos sobre a importância e a necessidade de andar na luz, nos sentimos bem na escuridão. Entretanto, chega um dia em que o poder divino decide colocar fim nas nossas ações maléficas neste mundo e envia um justiceiro para nos punir.

Aconteceu assim comigo durante minha caminhada cega pelo universo da prostituição e da imoralidade, completamente perdido meio as trevas de meus atos insanos. Sem querer parar e concertar minhas ações que destruíam meu caráter moral e envergonhavam meu Criador que um dia escolheu me fazer sua imagem e semelhança, a solução do eterno foi lançar sobre meu corpo já totalmente contaminado pelo pecado um mal para reduzi-lo ao pó e a cinza.

Durante minhas práticas imorais conheci um novo parceiro cuja beleza era quase que perfeita, satanás se encarnou em forma humana e surgiu à minha frente no intuito de lançar no meu sangue a praga que me mataria aos poucos, definhando minhas carnes pouco a pouco, dando-me tempo de avaliar minhas atitudes infames e reconhecer que minha existência aqui foi em vão.

Nos conhecemos numa boate numa das várias noitadas de embriaguez e sacanagem que proporcionei a minha alma acorrentada pela infame orgia e luxúria na qual permaneci escravizado por longos anos, de repente nasceu uma grande amizade que como tantas outras acabou na cama.

Final: Livre da Escuridão

Foi apenas uma vez e o bastante para que a morte se infiltrasse dentro de mim, expulsando a vida saldável que possuía. Uma semana depois passei a ter várias complicações, vivia gripado e uma intensa fraqueza me dominava logo que acordava pelas manhãs ao ponto de não conseguir levantar e ir ao trabalho.

Os resultados obtidos nos exames médicos foram os piores possíveis, ao avaliar meu prognóstico o médico me olhou com profunda compaixão e declarou que eu não teria mais que um ou dois meses de vida. Me encontrava contaminado com o HIV e em estado terminal, era o fim da picada, estava morrendo.

Eu nunca me casei nem gerei filhos com mulher alguma, porém, sabendo que todo ser humano precisa um dia de alguém que fique com seus bens e o legado que porventura tiver para deixar no final de sua caminhada neste mundo, adotei dois meninos que hoje são maiores de idade. Informá-los sobre aquela triste situação não foi tarefa fácil, pois apesar de nossos laços familiares não serem de todo reais, pelo menos o foram pela veracidade de nossa amizade uns pelos outros.

Tive sorte de poder contar com a gratidão de ambos e são eles quem cuidam de mim agora. Devido ao alto poder aquisitivo que possuímos e por causa da nova droga que foi criada pela medicina, afim de prolongar a sobrevida dos aidéticos, permaneço vivo, mesmo que meu médico tivesse antes me dado apenas algumas semanas. Sei que isso ocorre não é nem tanto pelo soro que essa enfermeira carniceira tem aplicado em minhas veias, mas pela misericórdia divina.

Trinta dias depois de ser dado como condenado a morte tive uma grande surpresa. Já fazia muitos anos que não mantinha contato com meus familiares que ao ficarem cientes da minha situação vieram me visitar, todos os meus irmãos, primos e primas, bem como meus pais haviam se firmado na fé evangélica. Abandonaram seus erros e estavam todos casados e seus filhos eram uma multidão.

Até as cinco priminhas esculhambadas criaram vergonha e conseguiram se concertar, uma grande mudança realmente aconteceu entre nós, mas cada um teve que prestar contas de acordo com a intensidade de seus pecados e o peso de suas culpas. Assim como eu cada qual carregava sua cruz nos ombros, mas pelo que tudo indicava fui o mais seriamente punido.

Depois de uma forte oração e ver descer em seus olhos muitas lágrimas sinceras pela horrível situação na qual me encontrava, fui interrogado se aceitaria participar da mesma fé que agora todos eles abraçaram, sem mais nada a perder aceitei a proposta e confesso que me sinto bem mais leve, parece mesmo ser verdade que fui perdoado de todas as minhas práticas imorais. Entretanto, sei que a sentença dada para que eu fosse ao encontro da morte não seria revogada, ela já está vindo a galope me pegar e por essa razão decidi escrever essa última obra que certamente será publicada após minha viagem ao além.

A única coisa que me entristece é não poder olhar para trás e ver algo de importante a ser deixado aos que me precederam, porém, aos que posteriormente recordarão minha existência eu deixarei como legado essa nova fé e toda a minha trajetória como o reconhecido escritor que me tornei. Aos meus filhos deixo como exemplo os frutos negativos de quem ama o pecado da imoralidade para que jamais a pratiquem, mas sigam sempre sob a luz da pureza e santidade.

Aos meus leitores recomendo ler esta obra e conhecer meu declínio moral, afim de que mudem seus caminhos tortuosos, se porventura existirem, e busquem viver uma nova história em suas vidas, antes que a vingança divina coloque nos vossos corpos o mesmo veneno mortal que colocou em mim. Lembrem-se sempre que não somos donos de nós mesmos, como equivocadamente pensamos.

Tudo o que temos pertence àquele que nos criou desde o ventre de nossa mãe e um dia ele prestará conta com cada um de nós pelo que fizemos com aquilo que nos deu. Honremos, pois, nossos corpos e paremos de usá-los para a imoralidade, pois o salário do pecado é a morte e a condenação de nosso ser espiritual à eterna escuridão.

Sou crente na doutrina da reencarnação, creio piamente que um dia nossas almas voltam a este mundo em um novo corpo, nova forma, noutra família e com uma nova história para viver. É a oportunidade que o destino nos dá para que possamos concertar nossas más escolhas e caminhar de maneira digna daquele que nos deu tamanha oportunidade. Garanto que essa crença for mesmo verdadeira e outra vez vier a existir neste mundo, apesar de não lembrar a vida que tive anterior.

Pretendo usar de todo o meu esforço como ser humano para me tornar uma pessoa melhor e mais merecedora do respeito de meus semelhantes. Aqui deixo meu forte apelo aos meus leitores, amigos e parentes para que jamais imitem meus passos nem se assemelhem a mim em qualquer um dos estágios da curta vida que tive.

A não ser no amor a literatura e na dedicação que tive ao criar minhas histórias que tanto agradou a essa multidão de fãs em todo o mundo. Se aproxima meus últimos minutos de permanência neste mundo e muito me alegro de ter a chance de escrever essas memórias e dividi-las com todos aqueles que porventura irão ler e considerar cada uma de minhas palavras. Um forte abraço e lhes desejo tudo de bom.

Marcos Paulo de Araújo Mendes

Em: 23/08/2019

Obra Póstuma

∞∞∞∞

Fim

Lightning Source UK Ltd.
Milton Keynes UK
UKHW020223081019
351185UK00008B/541/P